Tércia Soares Sharpe

ÚLTIMA
palavra

Informações importantes sobre direitos humanos
no final da vida. Aprenda mais e ajude alguém

Copyright© 2018 by Literare Books International.
Todos os direitos desta edição são reservados à Literare Books International.

Presidente:
Mauricio Sita

Capa e Diagramação:
Douglas Duarte

Revisão:
Beatriz Francisco

Diretora de Projetos:
Gleide Santos

Diretora de Operações:
Alessandra Ksenhuck

Diretora Executiva:
Julyana Rosa

Relacionamento com o cliente:
Claudia Pires

Impressão:
Gráfica Epecê

Dados Internacionais de Catalogação na Publicação (CIP)
(Câmara Brasileira do Livro, SP, Brasil)

Sharpe, Tércia Soares
  Última palavra / Tércia Soares Sharpe. --
São Paulo : Literare Books International, 2018.

  ISBN 978-85-9455-048-4

  1. Autoajuda - Técnicas 2. Autonomia (Psicologia)
3. Conduta de vida 4. Idosos - Aspectos psicológicos
5. Morte - Aspectos psicológicos I. Título.

18-12968   CDD-158.1

Índices para catálogo sistemático:

1. Vida : Autonomia : Psicologia   158.1

Literare Books
Rua Antônio Augusto Covello, 472 – Vila Mariana – São Paulo, SP.
CEP 01550-060
Fone/fax: (0**11) 2659-0968
site: www.literarebooks.com.br
e-mail: contato@literarebooks.com.br

ÚLTIMA
palavra

AMITIÙ

Minha gratidão ao meu marido Howard por seu apoio, e aos meus filhos Marcel e Guilherme, pelo bom senso nas ideias compartilhadas e por serem meus maiores incentivadores. Amo muito.

Minha gratidão a Deus por me dar a habilidade de transformar minha profissão em minha missão.

Dedicatória

Dedico este livro aos pacientes e familiares que encontrei ao longo de minha carreira profissional. Fui abraçada por eles e choramos juntos a perda de entes queridos, quando o ciclo da vida se completou.

Obrigada pelo privilégio de fazer parte da memória de um momento tão solene.

Sumário

Introdução   11

Cap.1 - O fim da vida   15

A cultura hospitalar   20

O paradoxo da ressuscitação   26

Manutenção da vida artificialmente   28

Cap 2. - A condição do paciente: dor e sofrimento   33

Qualidade de vida   44

Dignidade   46

Cap. 3 - Decisões   49

Por que decidir?   54

O que decidir   64

Honrando a decisão de cada pessoa   69

Cap. 4 - Perdão   71

Cap. 5 - Morte natural   91

Cap. 6 - Últimas palavras   105

Bibliografia   117

Introdução

Lembro-me bem de minha primeira paciente que morreu, com apenas 14 anos. Tinha uma doença muito grave do coração – a tetralogia de Fallot. Já havia passado por várias cirurgias, suas condições se deterioram e ela enfrentou a morte. Fiquei muito abalada e chorei muito em seu enterro, enquanto sua mãe me consolava. Isso aconteceu em 1979, no meu primeiro emprego em hospital depois de formada, no Centro de Tratamento Intensivo (CTI) do Hospital Adventista Silvestre, no Rio de Janeiro.

Eu sempre chorava quando meus pacientes morriam, e também ia ao velório. Eu pensava que talvez, com o tempo, essa choradeira fosse passar. Na época, eu via a morte como decorrência de uma doença.

Os anos passaram. Em 1992, eu cuidei de um publicitário no pré-operatório de uma cirurgia cardíaca, no Hospital Israelita Albert Einstein. Ele era relativamente jovem; tinha em torno de cinquenta anos e estava muito otimista quanto à sua recuperação. No dia seguinte, quando eu estava chegando à Unidade de Tratamento Intensivo (UTI), encontrei sua esposa na sala de espera e fui ao seu encontro para saber como tinha sido a cirurgia, antes mesmo de receber meu plantão. Ela me disse que ele tinha morrido durante o procedimento cirúrgico. Fiquei muito abalada e ela acabou me consolando. Na época, eu via a morte como resultado de uma doença.

Algum tempo depois, recebi um paciente que estava lavando a calçada com uma máquina elétrica e levou um choque. Teve uma parada cardiorrespiratória e foi levado para o hospital, onde foi reanimado. Estava na UTI, em coma. Infelizmente, não demorou muito para que ele morresse.

Fiquei chocada com aquela situação! Vi a esposa jovem, com filhos tão pequenos, enfrentando aquela perda. Foi então que deixei de ver a morte apenas como consequência de uma doença.

A morte pode acontecer em qualquer idade, independentemente da presença ou da ausência de uma doença.

Última palavra

Estou escrevendo este livro para que você possa conhecer e entender um pouco sobre o fim da vida. Este é um livro informativo, direcionado a pessoas como você, que procura informações que ajudem você a viver da melhor maneira possível e que deseja morrer com dignidade. Tenho certeza de que, como eu, entenderá que a morte é parte da vida.

Você tem a última palavra, mesmo que haja impossibilidade de verbalizá-la no final de sua vida.

Capítulo 1

O fim da vida

O filho de um paciente descreveu a angústia e a dúvida que sentiu ao decidir que seu pai, de 86 anos, inconsciente, não se submetesse a uma cirurgia que duraria 14 horas. Não havia garantia quanto ao resultado final do ato cirúrgico ou da sobrevivência do idoso durante o procedimento. O tumor, que se originara em um nervo facial e crescera até o cérebro, não diminuíra de tamanho com a radioterapia. Seu pai estava cada vez mais debilitado, atrofiando a olhos vistos e sua fisionomia estava deformada. O próprio filho tinha dificuldade para reconhecê-lo. Ele relatou:

"No dia em que morreu, meu pai tinha sido levado às pressas para o pronto-socorro ainda com vida. Ao chegar lá, deparei-me com o médico que estava pronto para as medidas heroicas que deixariam meu pai em um respirador artificial. Sem esse instrumento não havia esperança para meu pai. O médico acrescentou que o respirador não reverteria o tumor existente, que agora afetava também o sistema respiratório. Eu tinha que decidir imediatamente o que fazer. Eu, que anos antes tinha explicado para meu pai tudo sobre testamento vital, agora não sabia como agir. Como eu poderia assumir a responsabilidade de eliminar a chance de que ele vivesse um pouco mais?

Pedi ao médico que me deixasse sozinho com meu pai por um momento, em meio ao caos daquele lugar. Ao sentar, enquanto observava o esforço que meu pai fazia para respirar e para viver, tentei me concentrar no que a doença já lhe causara. Pensei nos momentos de agonia e miséria que ele passaria no respirador artificial, sem ao menos garantir que sua condição melhoraria.

Após sentar ali por um bom tempo, aproximei-me de seu rosto deformado e cochichei 'papai, eu vou ter que deixá-lo ir...'. Ele já estava inconsciente por algumas horas e não podia me ouvir. Continuei chorando e repetindo para ele várias vezes que precisava deixá-lo descansar desta vida de dor e sofrimento, até que eu mesmo me convencesse do que estava dizendo".

E você, o que faria?

O objetivo da medicina é evitar a morte. Quando você entra em um hospital como paciente, vai usufruir de tudo o que existe de melhor em termos de preparo dos profissionais e dos benefícios da alta tecnologia. Os recursos serão utilizados para este fim – promover a restauração da saúde e curar. Isso é maravilhoso! Com o desenvolvimento da ciência, a medicina tem promovido a cura de muitas doenças, prolongando o tempo de vida de milhares de pessoas. No entanto, essa mesma ciência também reconhece que o homem é um ser finito, ou seja, que a vida tem começo, meio e fim.

Todos os anos milhões de pessoas morrem. A grande maioria acontece como um processo natural – com o avanço da idade, as pessoas não resistem a alguma doença ou à disfunção de um órgão. Algumas morrem subitamente. Outras, no entanto, enfrentam um tipo de problema que evolui lentamente – submetem-se a algum tratamento, mas em determinado momento enfrentam a dura realidade, quando o médico revela que não há recursos para conter o desenvolvimento da doença. É quando o paciente recebe a notícia de que seus dias estão contados.

O ideal é que a medicina de cuidados paliativos seja introduzida nesse momento, mesmo que o paciente opte por continuar com os tratamentos da medicina curativa, ou seja, buscando a cura. Dessa maneira, o paciente já receberá os benefícios dos cuidados paliativos, minimizando a transição futura.

Vale esclarecer que a medicina de cuidados paliativos não se opõe à medicina tradicional, a que tenta curar as pessoas. Em muitos casos, elas trabalham juntas. A medicina paliativa deveria ter início a partir do diagnóstico de uma doença incurável, fatal – ainda que a morte do paciente esteja prevista para dez anos ou mais. À medida que a doença avança, o tratamento curativo deveria ser diminuído, e o tratamento paliativo, intensificado.

Você pode perguntar: "Mas o que é a medicina paliativa? Em que consistem os cuidados paliativos?". Além de ajudar a controlar os sintomas, seu objetivo é atender aos aspectos psicológicos, sociais e espirituais, visando a melhorar o bem-estar e a qualidade de vida do paciente nessa fase. O conforto físico, emocional e espiritual é promovido. O paciente tem a oportunidade de redimensionar sua existência.

A cultura hospitalar

A partir do século dezenove[1], devido ao desenvolvimento das ciências biológicas, a morte passou a ser percebida como o resultado de uma doença que exigia tratamento médico. A medicina tornou a morte visível para os médicos e a pessoa que estava prestes a morrer se tornou paciente.

Última palavra

No século vinte, o atendimento aos doentes deixou de acontecer em casa e passou a ocorrer em hospitais e clínicas. O motivo principal era, e continua a ser, a tentativa de retardar a morte, fazendo uso dos recursos mais modernos disponíveis.

O fim da vida no hospital está atrelado a fatores sociais, legais, médicos e institucionais. A medicina praticada em uma UTI é como uma cirurgia: está disponível a todos, mas nem todos serão beneficiados pelo tratamento escolhido. Medidas heroicas e tratamentos agressivos existem e devem ser utilizados como um recurso temporário e não como um fim em si mesmo. Infelizmente, tenho visto essas medidas serem utilizadas em pacientes que já estavam recebendo cuidados paliativos e tinham tomado uma decisão em relação a não aceitar o prolongamento da vida de maneira artificial.

Um exemplo típico são os idosos, muitos deles com demência avançada, ou até mesmo com o mal de Alzheimer. Esses e outros problemas de saúde os tornam incapazes de engolir até a própria saliva, ou o alimento, engasgando com frequência. Muitas vezes são trazidos ao pronto-socorro com pneumonia por aspirar alimentos.

A pneumonia é tratada, mas infelizmente algumas pessoas já não conseguem deglutir, segundo a avaliação de um fonoaudiólogo. Começa então o dilema quanto ao tratamento. Pede-se uma consulta com o gastroenterologista, que indica a colocação de uma sonda para continuar alimentando a pessoa. À medida que o tempo passa, as internações se tornam mais frequentes e pouco tempo se passa fora do hospital, na maioria dos casos.

Muitas vezes, o paciente não tem condições de tomar essa decisão devido à situação crítica em que se encontra e acaba ficando por tempo prolongado numa encruzilhada – recebendo tratamento com intervenções heroicas e tendo a vida mantida artificialmente.

> Por falta de orientação e de oportunidades prévias para discutir os desejos de cada pessoa com relação ao fim da vida, familiares e pacientes acabam tendo que decidir importantes questões em momentos de grande estresse.

Permanece, assim, entre a vida e a morte durante semanas, até que os familiares permitam ocorrer a morte natural ou ele venha a morrer, apesar dos equipamentos artificiais a ele conectados.

É muito importante que você, como paciente ou como familiar, procure se informar sobre tudo o que está acontecendo durante uma internação, bem como sobre o tratamento aplicado, para entender melhor os benefícios e os riscos. O paciente tem o direito de escolha e deve utilizá-lo à medida que recebe novas informações sobre a evolução de suas condições. Faça perguntas e peça esclarecimentos, caso não entenda as respostas. Não se sinta acanhado, pois a linguagem falada no hospital é diferente e muitas vezes incompreensível.

No hospital em que trabalho atualmente são feitas quantas reuniões forem necessárias com o paciente, os familiares, o intensivista, os especialistas e o enfermeiro, com a finalidade de esclarecer o que está acontecendo e responder às perguntas. Essa é uma rotina diária. O estresse emocional torna o ouvido seletivo, comprometendo temporariamente a capacidade de compreender tudo o que está sendo dito nessas reuniões.

Quanto mais oportunidades de diálogo os profissionais de saúde criarem, maior será a possibilidade de que paciente e os familiares entendam os fatos.

Só para ilustrar essa realidade, menciono um fato ocorrido seis meses após a morte de uma paciente na Unidade de Terapia Intensiva (UTI). Sua filha me procurou e disse que ainda não sabia por que sua mãe havia morrido. Perguntei se ela gostaria de conversar com o diretor clínico da UTI para esclarecer a situação e ela disse que sim. Conversei com o médico intensivista que, após revisar o caso, atendeu aquela filha aflita e alguns membros de sua família. Após ter suas perguntas respondidas, finalmente a família conseguiu fechar o ciclo da vida de sua matriarca.

Pensei, então, que havíamos feito tantas reuniões e não tínhamos conseguido esclarecer o que estava acontecendo.

Tenho observado que a surdez emocional nos protege daquilo que não queremos ouvir, e as pessoas precisam de tempo. Fomos treinados academicamente, tanto quanto na prática, para salvar vidas e curar pessoas. É isso que acontece em situações críticas e nas emergências, especialmente na ambulância, no pronto socorro e na UTI. No lado oposto à ciência e à alta tecnologia está o paciente, com características, diagnósticos e prognósticos diferentes. Essas características vão direcionar o tratamento, mostrando como lidar com os sintomas e entender as condições em que ele se encontra, indicando qual o próximo passo a ser seguido. Por isso o tempo de permanência de um paciente na UTI é variado.

Se por acaso você, ou alguém que você conhece, já está recebendo tratamento paliativo e decidiu que não deseja viver seus últimos momentos conectado a aparelhos artificiais, cuidado! Em casos de emergência, o indicado é ligar para a equipe profissional de cuidados paliativos para que os cuidados adequados sejam oferecidos em casa ou na clínica onde o paciente se encontra.

Caso você seja levado ao hospital, o tratamento que será aplicado poderá contrariar sua escolha. As "medidas heroicas", ou seja, as tentativas de ressuscitação (por meio de massagem no coração ou choque e respiração artificial por meio de um aparelho) certamente serão utilizadas, além de medicações que poderão ajudar no processo da manutenção da vida de maneira artificial.

Última palavra

Lembre-se de que, no hospital, o objetivo é curar.

Quando o paciente já tem um testamento vital, é importante que a cópia desse documento seja entregue à chegada, no hospital, ou ao bombeiro, caso seja levado pelo serviço de emergência.

Este capítulo tem como objetivo prestar esclarecimentos sobre situações que ocorrem diariamente em um hospital e que certamente o ajudarão a entender melhor o fim da vida. O importante é que suas decisões sejam honradas e que a última palavra seja a sua.

O que acontece?

Quando a doença ocorre subitamente, de modo imprevisível, e o prognóstico não é bom, muitas vezes a família não tem tempo suficiente para processar tudo o que está acontecendo. No caso de o paciente ter idade avançada, uma doença grave ou estar em uma situação crítica, em que a vida está em risco, é comum os familiares se apegarem ao pensamento positivo – 'ele vai sair dessa, sempre foi muito forte.' Afinal, a esperança nos mantém seguindo em frente.

Por outro lado, tenho percebido que algumas vezes esse "pensamento positivo" adiciona uma sobrecarga ao próprio paciente, que não quer frustrar os familiares, bem como suas expectativas, e acaba concordando em seguir o tratamento que eles sugerem, e não o seu próprio desejo.

A frustração é maior ainda em relação a pacientes jovens, conscientes e com diagnósticos terminais.

Cuidei recentemente de um rapaz com 23 anos de idade, diagnosticado um dia antes com um câncer agressivo e metástases ósseas. Só nos pulmões ele tinha 15 nódulos. Sentia dores no corpo inteiro. Sendo mãe de dois filhos adultos, o que dizer para aquela mãe que deveria estar sentindo uma dor que ninguém tem condição de medir? O que dizer para aquele pai que olhava para mim e dizia, "é meu único filho e quero que isso tudo passe; quero vê- lo em casa, bem, como antes".

Às vezes a morte acontece muito cedo, sem nos dar a opção da escolha.

O paradoxo da ressuscitação

A alternativa das medidas heroicas sem dúvida é a escolha da grande maioria no serviço de emergência – seja ambulância ou sala de emergência. Esse é o primeiro passo em direção a tentar um certo controle sobre a morte. O que são essas medidas heroicas? Mencionei rapidamente a massagem cardíaca e o choque, que tentam fazer o coração funcionar, nos casos de parada cardíaca; ou que regulam as batidas do coração, quando estão ocorrendo de maneira tão desordenada que poderiam levá-lo à exaustão. Outra medida heroica é colocar um tubo geralmente na boca do paciente que não está conseguindo respirar sozinho, e tentar auxiliá-lo com um respirador artificial. Algumas medicações também são consideradas medidas heroicas, sem as quais o paciente poderia morrer. Essas são as medidas básicas, mas há muitas outras.

É claro que se, por exemplo, meu coração parar, quero que todas essas medidas heroicas sejam tomadas! Elas estão disponíveis para todas as pessoas! No entanto, neste momento, estou me referindo a um grupo de pessoas muito doentes, com falência de órgãos múltiplos, com internações frequentes, idosos com problemas crônicos.

Nessas situações, as medidas heroicas não mudariam a condição geral, ou seja, não resolveriam os problemas existentes. Quando o corpo de uma pessoa está clamando para descansar naturalmente, muitas vezes esse direito é retirado dela ao optarmos pelas manobras de ressuscitação. Nesses casos, a ressuscitação é um paradoxo.

Um novo conflito

Digamos que as manobras de ressuscitação tenham sido feitas e o paciente esteja na UTI – com o respirador artificial e outros tratamentos artificiais. Se não houver melhora, surge um novo conflito: 'vamos honrar o desejo de nosso ente querido ou vamos mantê-lo artificialmente vivo por tempo indeterminado?'

Decidir dar permissão para que ele tenha morte natural

parece, nesse momento, ser muito mais difícil do que a decisão anterior, de optar pelas manobras heroicas de ressuscitação. É extremamente difícil decidir porque, além de ser uma situação nova e estranha, o foco da atenção, e consequentemente, a causa do desgaste emocional é a pessoa que está prestes a morrer. Acima de tudo, a esperança de que aquela pessoa possa "escapar" da morte ainda é latente, e esse estado emotivo paralisa a razão.

Em contraste, nós, profissionais da saúde, temos sempre em mente executar o que é mais apropriado para cada paciente, ou seja, verificar o que é melhor em todas as situações. São sensibilidades diferentes e responsabilidades morais divergentes.

O julgamento clínico de que o paciente não está completamente vivo geralmente é contraditório, na opinião dos familiares. Ou seja, o paciente que eu vejo tendo a morte prolongada é o ente querido que está em uma cama de hospital e que estava totalmente consciente antes da internação – e só o fato de a pessoa estar ali significa vida para os familiares.

Manutenção da vida artificialmente

A morte hoje é médica e politicamente maleável, e está aberta a inúmeras negociações. Isso significa que, de certa forma, é possível "definir" quando ela ocorrerá. Cuidei de um paciente em fase final de câncer, com metástases em órgãos vitais, e que tinha previamente decidido que queria uma morte natural. Esse paciente já estava recebendo cuidados paliativos em casa, mas começou a ter dificuldades para respirar. A família, em desespero, ligou para o serviço de emergência e o paciente foi levado ao pronto-socorro do hospital onde trabalho. O médico do pronto-socorro quis honrar o desejo do paciente e optar pela morte natural, mas a família exigiu que o paciente fosse entubado, e assim aconteceu. Ele foi levado à UTI e conectado a um respirador artificial.

Foram aplicadas medicações específicas para mantê-lo vivo em condições artificiais – situação oposta à sua vontade. Dilemas de famílias, dilemas de uma sociedade que evita falar sobre o fim da vida, como se essa opção não existisse para todos nós.

Depois de alguns dias, sua esposa e filhos concordaram em permitir que ele morresse naturalmente, mas resolveram fazer isso depois de dois dias, esperando passar o dia do aniversário da esposa. E assim aconteceu.

O conhecimento do que acontece diariamente em uma UTI ou emergência é importante não somente para ajudá-lo a tomar suas próprias decisões, mas também para que você possa respeitar e honrar decisões tomadas por seus entes queridos.

O departamento de cuidados intensivos do Mayo Clinic Hospital, Arizona, conduziu um estudo[2] com o objetivo de verificar se os pacientes que estavam no fim da vida e foram admitidos na UTI tiveram a oportunidade de receber informações sobre cuidados paliativos e sobre o fim da vida, antes da última internação. Foi constatado que 78% dos pacientes que morreram num período de dois anos passaram pela UTI, e 65% destes morreram na UTI.

A conclusão a que se chegou foi de que os pacientes que morreram na UTI não tiveram a oportunidade de receber orientações sobre o fim da vida e cuidados paliativos, antes da última internação. A qualidade no tratamento de cuidados de conforto aos pacientes com doenças crônicas e fatais que já estava em andamento foi interrompida por sua admissão à UTI.

Outro fator observado foi a falta de experiência clínica, de conhecimento e competência quanto ao cuidado de pacientes no fim da vida, que resultou em admissões à UTI a despeito do prognóstico limitado e muitas vezes fechado destes pacientes.

O conhecimento de cuidados especiais de conforto a pacientes nessa situação pode garantir a qualidade de vida que terão até o fim.

Medidas heroicas vão sempre existir, mas cuidados paliativos e de conforto no final da vida podem ser a opção mais benéfica para você ou para o seu ente querido.

Última palavra

A estrutura hospitalar existe e vai sempre existir. Milhares de pessoas são curadas devido ao desenvolvimento da ciência e da tecnologia.

A despeito de todo esse desenvolvimento, a vida tem seu próprio tempo. A vida tem começo, meio e fim.

Capítulo 2

A condição do paciente: dor e sofrimento

Lembro-me bem da fisionomia de uma paciente de mais ou menos 50 anos, morena e bonita, apesar de estar definhando por causa do câncer. Ela sentia muitas dores no corpo inteiro. Eu a medicava para dor e ela dormia. Momentos depois, acordava e gritava "não", um não bem prolongado – "nãaaaao". Perguntei por que gritava. Ela me respondeu que se lembrava da situação em que se encontrava e da proximidade do fim da vida. Nessa situação, sentia necessidade de gritar. Eu tentava acalmá-la.

Existem dores que passam depois que medicamos. Outras são mais difíceis de controlar.

Os enfermeiros são chamados diariamente para combater a dor e promover o conforto dos pacientes. Essa é uma atividade diária. Nós somos seus porta-vozes; e, como os conhecemos bem, estabelecemos a conexão entre eles e o médico, auxiliando-os, em muitos casos, a encontrar a melhor opção para combater a dor. Essa dor que é, na maioria dos casos, uma mistura de dor física e emocional. Principalmente com a proximidade do final da vida.

Para combater a dor é necessário conhecer sua origem e sua razão de ser, demonstrando que a dor pode ser controlada e que o alívio logo virá.

Weil faz uma distinção entre dor e sofrimento. Diz que mesmo que alguém tenha uma dor excruciante, deixará de ter significado uma vez que tenha passado (Springstead, 1998, 42). Ela descreve "aflição" como "sofrimento". Sofrimento extremo significa dor física, aflição da alma e degradação social.

Assim como os aspectos emocionais podem desencadear dores físicas, as dores físicas podem desencadear um estresse emocional. Tanto os aspectos físicos quanto os psicológicos afetam o lado espiritual do ser humano. A dor que persiste se torna sofrimento. Pacientes e familiares vivenciam esse sofrimento.

Todos nascemos com necessidades espirituais. No decorrer das diversas fases da vida, procuramos saciá-las de formas diferentes. Muitas vezes negamos a existência dessas necessidades até que chegue a crise, a adversidade, a doença e a proximidade da morte. Nossa cultura e nossas crenças nos ajudam a achar significado para a vida. Muitos teólogos definem sofrimento como dor espiritual. O nosso bem-estar espiritual é afetado por sintomas físicos e emocionais. O fato é que o ser humano busca saciar a necessidade espiritual de alguma maneira.

Tenho percebido que, quando as pessoas se tornam mais fracas e fisicamente vulneráveis, geralmente sentem a necessidade de reavaliar os próprios valores e crenças ou até mesmo investigar outros, tentando achar um significado para o que está acontecendo ou reconhecendo a falta de controle sobre a vida.

Quando a vida está ameaçada, as pessoas normalmente fazem uma avaliação da própria existência e pensam sobre o que ainda gostariam de realizar ou conquistar dentro do tempo que lhes resta. Muitos aproveitam um prognóstico fechado para ser mais produtivos e deixar sua marca. Um exemplo recente foi o de Steve Jobs, o maior inventor dos tempos modernos. Ele correu atrás do tempo e mudou nossa vida para sempre – uma maneira positiva de tirar o foco da dor e do sofrimento. Outros preferem viajar e realizar sonhos que nunca pensaram que seriam possíveis.

Você se lembra do filme *Bucket list*, no qual o ator Jack Nicholson protagoniza um homem rico que se encontra com Morgan Freeman, que interpreta um homem pobre? O que eles têm em comum é o fato de terem uma doença incurável. Eles decidem fazer uma lista de coisas que desejam fazer antes de morrer, executando atividades positivas que tornam melhores seus últimos meses de vida. Assim, eles driblam o sofrimento e a dor por um bom tempo.

Cuidei de uma paciente que estava vivendo suas últimas semanas. Apesar das várias tentativas de tratamento, ela não reagia; estava com falência múltipla de órgãos. Quanta dor e sofrimento eu presenciei, especialmente por parte do marido, um senhor de idade que estava inconformado com a possibilidade de perder a esposa para a doença. Desenvolvi um afeto especial por aquela família. Conversava muito com eles, especialmente com o marido da paciente, apesar de seu inglês limitado. Orações constantes foram feitas naquele quarto, assim como na mesquita que frequentavam. Dia a dia sua condição se agravava. Certo dia, ao me despedir deles no final do meu plantão, o senhor me perguntou quando eu voltaria. Eu disse que provavelmente não o veria mais.

Ele entendeu! Porém, em seu sofrimento e desespero, perguntou sobre o que eu acreditava em relação à morte. Eu disse a ele que o mais importante naquele momento era o que ele acreditava, pois isso poderia lhe trazer paz interior. Ele insistiu na pergunta, e eu compartilhei o que acredito. Ele ficou agradecido e pareceu mais conformado.

Ele me disse que tinha uma coisa para me dar. Expliquei que não poderia aceitar presentes. Com os olhos cheios de lágrimas, ele insistiu que o encontrasse no estacionamento do hospital. Contrariei as regras e fui encontrá-lo. Ao parar o meu carro, ele me deu uma sacola e dentro dela uma caixa de sapatos sem tampa, amarrada com um cordão.

Dentro dela havia um xale. "Este era o xale preferido da minha esposa" – disse ele. Apontou para o céu e falou "God, you and me, God, you and me, God, you and me" querendo dizer "Deus, você e eu". De certa maneira, seu sofrimento havia sido amenizado em razão da esperança que tive a oportunidade de compartilhar com ele.

O sofrimento é uma mistura de tristeza, angústia, medo, incerteza, abandono, desespero e tantas outras emoções. Também está associado à perda. Muitas vezes essa perda é evidente somente para quem a vivencia. A perda de um relacionamento, da dignidade, de uma parte do corpo (um órgão, um membro) ou da mente (como no caso do Alzheimer e de outras doenças mentais) faz com que a pessoa sinta-se diminuída, quebrada, incompleta.

A perda do controle, a perda da habilidade de ir e vir, bem como a perda da independência para exercer as atividades básicas no cuidado pessoal diário criam insegurança e dependência.

Qualquer que seja a perda, é importante que você saiba que ela não diminui quem você é. A doença lhe roubou determinada habilidade, mas você continua sendo a pessoa que sempre foi!

O sofrimento também está relacionado à separação do mundo. Os pacientes sentem solidão intensa e anseiam o convívio com outras pessoas, mas, ao mesmo tempo, sentem-se excluídos, e isso os angustia.

Sentem-se um "incômodo" quando se encontram em uma condição de dependência total dos outros.

Hoje eu entendo por que os idosos sentem-se bem em uma clínica ou comunidade de idosos – o fato de estarem em um ambiente onde outras pessoas apresentam as mesmas necessidades físicas e emocionais que eles têm acaba aliviando aquela sensação de serem um "incômodo" para os familiares, além de participarem de atividades organizadas especificamente para eles e suas condições físicas atuais.

Conheci uma senhora de 82 anos que estava na UTI devido a uma pneumonia. Ela morava em uma comunidade para idosos e tinha várias amigas que vieram, inclusive, visitá-la. Ela me contou sobre as atividades e passeios que eram oferecidos e como ela se sentia feliz. Sei que a aceitação ou não de uma situação assim é também um fator cultural. Encontrei uma senhora viúva no Brasil que optou por viver em uma clínica para idosos porque tinha a necessidade de estar com pessoas da sua idade. Ela participava das aulas de bordado e de culinária, assim como de muitas outras atividades especiais. Sei que não é uma opção para todos, mas a solidão e o sofrimento de muitos idosos e pacientes crônicos têm sido minimizados dessa maneira.

Alegrias compartilhadas são multiplicadas, e sofrimentos compartilhados são reduzidos pela metade. Portanto, procure reservar tempo para ouvir o que seu ente querido tem a dizer quando estiver doente. Deus nos deu dois ouvidos e uma boca para ouvirmos mais e falarmos menos. Entretanto, como temos muitas

Última palavra

informações na ponta dos dedos, parece-nos impossível não compartilhá-las. Esquecemo-nos, assim, de que os idosos preferem uma conversa pessoal, olho no olho. Não se sentem atraídos por mensagens de texto, *whatsapp* e outras formas mais modernas de comunicação. Sabemos que a solidão não está atrelada somente ao fim da vida. Acredito que todos nós já sentimos solidão, mas entre os idosos há certa resignação. Minha sogra tem noventa e oito anos e mora em uma clínica para idosos há oito anos. Ela gosta muito das amizades que fez lá, das atividades que realiza e da maneira como é tratada. Entende que a morte é parte da vida e se preparou inclusive financeiramente para as despesas com o funeral e com o traslado de seu corpo para o local onde o marido foi enterrado. Ela aproveita cada dia de vida e fica especialmente feliz quando vamos visitá-la a cada duas semanas. Saímos com ela para comer fora, e ela degusta o hambúrguer e especialmente a batata frita como se fossem iguarias. Fazemos uma parada obrigatória no Dairy Queen para a sobremesa de sua preferência – sorvete de chocolate. Ela conversa sobre a morte com naturalidade e brinca sobre o fato de ainda estar viva. Antidepressivos fazem parte de seu cardápio diário de comprimidos. Ficar dependente deles a essa altura não deveria ser uma preocupação. Ela quer qualquer coisa que lhe proporcione um dia melhor. Seu remédio preferido é a atenção. Atenção de qualquer pessoa que escolha dedicar tempo para conversar com ela, para lhe trazer uma xícara de café quente. Atenção... quem não gosta de receber? Do começo ao fim da vida a atenção e o carinho têm aliviado muita dor.

No caso de pacientes internados, em fase final, tenho percebido certa turbulência ao conversar com eles, que provém de algumas causas: a consciência da deterioração resultante da doença, a falta de oportunidade para dialogar sobre essa realidade ou o medo de desistir da batalha e magoar os familiares que, como gesto de amor, repetem constantemente que a recuperação da saúde está para acontecer. A ansiedade se torna ainda maior quando a morte é iminente. Ainda que o paciente consciente não queira morrer e deixar seus queridos, a possibilidade de cessar a dor física por meio da morte natural passa a ser ventilada em sua mente.

Muitos familiares entendem isso como depressão apenas, desejando tomar decisões importantes com relação à vida dessa pessoa (totalmente consciente) por entender que a depressão a impede de decidir. Entretanto, os pacientes me dizem: "A dor que eu sinto só eu posso descrever".

Se tivermos dificuldade para compreender o direito de morrer de forma digna, basta lembrar que a morte faz parte da vida.

> **Morrer com dignidade é ser respeitado como ser humano pleno de corpo, alma e espírito.**

Ouça seu ente querido com atenção. Caso tenha o direito de decidir, faça-o com sabedoria e de maneira generosa, mesmo que o principal motivo seja muito amor, e por isso a morte natural não faça parte das opções de escolha que você tem para ele.

Como você pode perceber, há um paradoxo em relação à dor. Alguns pacientes prestes a morrer têm medo da dor; outros aguardam a morte como a solução para cessar a dor.

Tive um paciente de 82 anos que tinha tentado o suicídio ingerindo uma quantidade muito grande de comprimidos. Sua esposa o encontrou caído no chão, inconsciente. Ligou para o serviço de emergência. Os bombeiros vieram, prestaram os cuidados necessários e o levaram para o pronto-socorro. Logo depois foi transferido para a UTI. Ficou alguns dias sendo mantido artificialmente até que seu estado geral melhorasse.

Chegou o dia de acordá-lo da sedação e extubá-lo para que respirasse sozinho. Quando isso aconteceu, a primeira coisa que ele me perguntou com muita raiva foi: "Quem me trouxe para cá? Eu queria morrer!". Ele não estava aguentando a dor emocional e agora estava frustrado com sua tentativa fracassada.

Aconteceu uma situação inusitada com uma de minhas pacientes da UTI recentemente. Ela tentou envenenar o marido fazendo um bolo de chocolate e colocando veneno nele. Quando o bolo estava pronto, ela se arrependeu da trama, mas em vez de jogar o bolo fora, comeu-o antes que seu marido chegasse, para se punir. Parece mentira, mas não foi. Depois de ingerir o bolo envenenado, ela ligou para o corpo de bombeiros e contou o que tinha feito antes de ter uma parada cardiorrespiratória. Ela viveu!

Em meu dia a dia vejo algumas contradições – alguns de nós, com saúde, vivemos como se tivéssemos todo o tempo do mundo, e por isso muitas vezes adiamos conversas, soluções de problemas e confissões. Isso nos causa sofrimento e dor. Outros, que estão no fim da vida, e me refiro agora aos que foram acometidos por doenças degenerativas ou fulminantes, dariam tudo pra ter um pouquinho mais de tempo, mas infelizmente tempo é algo que não têm. Eles têm urgência de viver intensamente, de realizar o que não foi realizado; têm uma atitude de gratidão em relação à vida, observam detalhes na natureza e o simples fato de estarem bem é motivo suficiente para esquecerem o sofrimento e a dor da última quimioterapia.

Se quiserem confirmar o que digo, leiam no Facebook os comentários de pessoas que tiveram câncer e estão em remissão! É inspirador e contagiante ver como se expressam esses sobreviventes!

O que você pode fazer para amenizar o sofrimento e a dor de maneira positiva? Há alguém que você conhece que esteja sofrendo porque tem os dias contados? O que você pode fazer para ajudar essa pessoa?

Qualidade de vida

A Organização Mundial da Saúde (OMS) definiu saúde como um completo estado de bem-estar físico, mental e social e não meramente a ausência de doença (WHO, 1946). A OMS criou para isso um instrumento de avaliação. Inicialmente foi desenvolvido o World Health Organization Quality of Life (WHOQOL-100), instrumento composto de cem questões. Desde então, o interesse pelo assunto tem aumentado em todos os segmentos da sociedade.

E como se pode avaliar a qualidade da vida? Betty Ferrel and Nessa Coyle descrevem em seu livro, *"The Nature of Suffering and the Goal of Nursing"*[3], o método usado para medir as condições de vida do ser humano que envolve quatro dimensões do bem-estar: aspectos físicos, psicológicos, sociais e espirituais. Sintomas físicos, como dor, têm um impacto nos sintomas psicológicos, como ansiedade. Um sintoma físico e uma ansiedade psicológica podem afetar o bem-estar espiritual.

Um paciente com dores constantes pode pensar que está prestes a morrer. As pessoas tendem a associar a dor à morte. Popularmente, ouvimos alguém dizer "morri de dor". Essa, inclusive, é uma preocupação dos pacientes e de seus familiares. Todo mundo quer saber se a dor é um sintoma da morte. Eu diria que no final da vida os sintomas das doenças de cada pessoa continuam sendo os mesmos, e eles se agravam à medida que a doença progride, mas a dor pode ser controlada, independentemente do diagnóstico de cada um. Pacientes que recebem cuidados de conforto ("Morte natural", penúltimo capítulo) não demonstram em seu semblante que estejam sentindo dor.

Acredito que a dor emocional do paciente consciente pode

ser tão intensa quanto a dor dos que perdem seu ente querido. Obviamente, a dor do paciente acaba quando ele morre e a dor de quem fica continua até que o luto tenha passado. A dor do luto, quando processada de maneira saudável, é curada com o tempo. Quando o luto não tem fim, é porque a pessoa não consegue sair do sofrimento – dor constante – e talvez precise de ajuda profissional para tentar resolver possíveis causas, como culpa, necessidade de perdão ou mesmo um distúrbio mental que faz com que a pessoa escolha permanecer na dor.

Dignidade

Mahatma Gandi disse, com sabedoria, que a dignidade pessoal e a honra não podem ser protegidas por outros, devem ser zeladas pelo indivíduo em particular. No entanto, pode ocorrer que alguém não tenha mais condição de zelar por sua própria dignidade e seja necessário que outro tente mantê-la até o fim em seu lugar. Essa pessoa poderá ser você! Ainda que legalmente não possa decidir, com o conhecimento que tem agora, poderá ajudar alguém investido desse direito a permitir que o ciclo da vida de alguma pessoa se feche de modo digno. Proteger a dignidade de alguém que não tem condições de fazê-lo é honroso.

Muitas vezes torna-se difícil estabelecer a diferença entre o prolongamento da vida e o prolongamento da morte. A manutenção da dignidade pode ajudar a estabelecer essa diferença.

Última palavra

Recordo-me de um episódio que aconteceu a um de meus pacientes e que exemplifica bem a questão. No caso, não se tratava de uma situação de vida ou morte, mas eu tive que defender a dignidade de alguém que estava incapacitado de fazê-lo.

Cheguei um dia à UTI e, ao receber o plantão no quarto do paciente, vi que as unhas de seus pés estavam pintadas de *pink*. Não rosa, mas *pink* (rosa-choque).

A enfermeira da noite, ao ver meu olhar surpreso e indignado, explicou-me que a filha dele havia feito isso.

Eu sabia que o paciente era chefe de polícia e que certamente receberia muitas visitas durante o dia. Ele tinha sofrido uma parada cardíaca, fora reanimado em casa e trazido para o hospital. Agora se encontrava inconsciente e conectado a vários aparelhos; portanto, não podia proteger sua própria dignidade. Não hesitei! Peguei a acetona e o algodão e comecei a retirar aquele esmalte. Quando a filha dele chegou não gostou do que viu e disse que iria pintar outra vez. Expliquei que enquanto ele estivesse na UTI isso seria impossível, e dei algumas razões médicas.

Alguns meses se passaram e ele voltou quase totalmente recuperado para agradecer os cuidados recebidos na UTI. Aproveitei para contar a ele o que tinha acontecido em relação ao *pink* pedicure. Ele comentou: "você protege mesmo a dignidade de seus pacientes".

Durante o período de luta e espera que se trava entre a vida e a morte, a UTI torna-se, tanto para os pacientes como para seus familiares, o lar, o consultório do terapeuta, o fórum, o ringue, o santuário, e, principalmente, um ambiente estranho, onde se fala uma língua estranha e se usam equipamentos estranhos.

Um lugar onde estão à disposição todos os recursos que a ciência pode oferecer, na tentativa de eliminar a possibilidade da morte. No centro desse cenário está o paciente. Como posso contornar o isolamento deste paciente e minimizar a sensação de falta de esperança? Esse é um desafio diário para cada enfermeiro.

Existe muita atenção e planejamento em relação ao início da vida. E quanto ao seu final? Para você, o que é morrer com dignidade?

Capítulo 3

Decisões

Uma noite meu marido e eu fomos ao teatro para assistir a um concerto. Já estávamos sentados, enquanto outras pessoas chegavam e procuravam seu lugar. De repente, uma senhora com rosto e sorriso familiares veio ao meu encontro. Seu timbre de voz era meio alto e disse que se lembrava de mim. Eu tentei disfarçar e convencê-la de que devia ser um engano.

Então ela disse que me conhecia da UTI e mencionou o nome do hospital onde eu trabalhava. Ela continuou dizendo que nunca se esqueceria do que eu havia dito a ela. Eu gelei! As pessoas que estavam entrando ouviram o que ela havia dito e tentaram aproximar-se discretamente para ouvir a revelação daquela senhora. Então ela soltou uma bomba: "Você me disse que, enquanto eu ia para casa todas as noites, tomava banho no meu chuveiro quente, escolhia o que gostaria de jantar, deitava na minha cama macia e assistia à TV até cair no sono, meu marido permanecia na UTI, sozinho, em um lugar estranho, conectado a aparelhos artificiais e tentando dormir com o barulho". Eu fiquei muda porque ela parecia assertiva demais, e as outras pessoas não sabiam que o marido dela estava morrendo há duas semanas, esperando que ela decidisse deixá-lo morrer naturalmente. Depois de uma pausa interminável, ela acrescentou: "Eu lhe sou eternamente agradecida por ter me ajudado a permitir que ele tivesse uma morte natural". Suspirei aliviada.

Somos movidos por esperanças e sonhos. Decidir pelo final da vida quando a morte está sendo prolongada não parece ser uma situação esperançosa. Ninguém gosta de perder. Na iminência da perda, essa conversa se torna ainda mais difícil. Por isso, decidir com antecedência é tão importante. Ao invés de perda, o enfoque se concentra na possibilidade de escolha e na esperança de que suas decisões e desejos sejam honrados. Esperança de que você tenha o tratamento de conforto até o seu último suspiro. Esperança de que a última palavra seja a sua.

Tenho percebido que, quando há uma piora no estado crítico do paciente, a família geralmente não gosta de conversar com o médico da UTI, o intensivista. A família prefere conversar com o especialista. Por quê?

Última palavra

Porque o especialista fala somente sobre o órgão do qual ele cuida, de maneira específica, não analisa o quadro geral. Se é um cirurgião, ele dá esperança do ponto de vista cirúrgico; o nefrologista dá esperança para o rim e todos os tipos de tratamentos para a recuperação desse órgão. Quando o intensivista conversa com a família, ele analisa o paciente como um todo. A esperança dada pelo especialista A ou B torna-se pequena, em comparação com o quadro geral do paciente.

Uma amiga de meu filho estava com o pai muito doente, com múltiplos problemas, segundo entendi. Eu lia as mensagens (*tweets*) que ela enviava atualizando a situação dele. Numa delas, comentou que o pai tinha ido para a cirurgia e depois para a UTI. Dias depois, o pai tinha sido novamente operado, voltando novamente para a UTI. Em determinado momento, ela mencionou que preferia conversar com o cirurgião e que o intensivista não tinha coração. Quando ela disse isso, percebi que seu pai estava vivendo os últimos dias. Um pouco receosa de invadir a privacidade dela, enviei-lhe uma mensagem perguntando o que tinha o pai dela e disse que estava orando por ele. Ela foi gentil e me respondeu que eram muitos problemas e que me diria posteriormente. Escrevi outra vez dizendo: "será que você teria coragem de perguntar para o seu pai o que ele gostaria que fosse feito e como desejaria que as coisas ocorressem daqui para a frente?". Eu não sei se ela fez isso ou não, mas o fato é que poucos dias depois ele morreu.

Decisões. Decisões difíceis de tomar, porém necessárias, para evitar o prolongamento da morte, quando viver deixa de ser uma opção.

Por que decidir?

Quando o caso é de vida ou morte, tratamos o assunto com urgência, ou seja, damos a devida importância.

> O fato de a morte não ser iminente não diminui a importância que eu devo dar para decisões a respeito desse assunto.

O fim de nossa vida, assim como tudo aquilo que se relaciona com esse momento, é uma questão de extrema importância. Fazemos testamento dos bens que possuímos com antecedência, mas, por algum motivo, às vezes por falta de esclarecimento, não fazemos um testamento vital. A nossa saúde, o nosso corpo e a nossa vida são o nosso bem maior.

Há momentos em que é necessário tomar decisões claras em situações específicas, como é o caso de pessoas com um quadro clínico irreversível, doentes terminais, vítimas de acidentes (ou de overdose), com morte cerebral confirmada, pessoas com falência irremediável de múltiplos órgãos, idosos com estágios avançados de demência (ou Alzheimer) e incapazes de se alimentar ou respirar sem o auxílio de aparelhos, só para citar algumas situações comuns em que não há muito o que fazer. No entanto, a ciência pode manter uma pessoa tecnicamente viva por um tempo praticamente indefinido.

O conflito ético entre os médicos é muito grande. A divergência de opinião entre os médicos e os conflitos entre os familiares se dá, na maioria dos casos, por falta de informação. No caso de prognósticos fechados, ou seja, de pacientes cuja recuperação deixa de ser uma possibilidade, seria recomendável que a medicina paliativa fosse praticada paralelamente à medicina convencional, fazendo uma transição suave entre os dois tipos de tratamento, no futuro. Vamos dizer que uma pessoa tenha sido diagnosticada com câncer e metástases. Mesmo que ela opte por quimioterapia/radioterapia, o acompanhamento paralelo com o médico paliativo se faz necessário para controlar melhor os sintomas, como a dor, por exemplo. O acompanhamento pode e deve ser sugerido pelo próprio paciente ou seus familiares, caso isso não tenha sido feito pelo médico da família, pelo clínico geral ou pelo oncologista.

Independentemente do que possa acontecer no futuro, ao tomarmos decisões com antecedência, eliminamos a possibilidade de ter que fazer isso em uma situação de grande estresse emocional. Por exemplo, podemos ser acometidos por uma doença irreversível ou por um comprometimento cerebral sério devido a um acidente de carro – essas são situações que acontecem com muita frequência e nas quais as decisões são tomadas por outras pessoas.

Outra questão importante e que se torna bem-vinda quando abordada com antecedência é a questão de ser doador de órgãos. É muito mais simples entender a importância de ser um doador de órgãos quando você está vivo e muito bem de saúde. Nada é mais doloroso para uma mãe ou para um pai do que ser abordado para doar os órgãos de um filho de 18 anos que foi levado às pressas para o hospital porque teve uma parada cardiorrespiratória devido a uma overdose, e agora está na UTI com morte cerebral, sendo mantido artificialmente.

1. Escrevo este livro a fim de que você tenha informações suficientes que possam ajudá-lo(a) a tomar decisões a respeito do fim da vida, e que possa também ajudar outras pessoas a fazê-lo.
2. Neste capítulo, proponho que cada leitor analise a possibilidade de fazer um testamento vital. Depois de entender o que acontece diariamente com pessoas no final da vida, sugiro que tome uma decisão ponderada sobre esse assunto, considerando a questão no pleno gozo da razão. O testamento vital deve ser assinado e a firma reconhecida em cartório. Dessa maneira, no futuro, se porventura você estiver incapacitado de verbalizar seus desejos, ainda assim a última palavra será sua.

Atualmente, quando não temos domínio sobre uma determinada área, fazemos pesquisas, lemos sobre o assunto e até contratamos um *coach* ou uma consultoria. Como falar sobre o fim da vida não é um tópico atrativo, acaba permanecendo desconhecido. O que não significa que não seja importante, e até urgente, dependendo da situação em que cada pessoa se encontra.

Há cinco anos, quando conversei com meus pais pela primeira vez sobre esse assunto, meu pai me perguntou "você quer que eu morra?". Eu sorri e disse "não, mas quando o senhor morrer, quero que tenha uma morte boa". Recentemente, ele quase morreu com infecção, falência de alguns órgãos e diabetes descontrolada. Quando melhorou, conversamos sobre a possibilidade do fim da vida e a opção de morte natural com conforto, quando chegasse o momento. Dessa vez ele estava mais receptivo.

Algumas pessoas têm uma morte horrível, em virtude de uma situação inevitável. Por outro lado, há pessoas que poderiam ter tido uma morte natural tranquila, o que chamamos de morte boa, caso tivessem tido a oportunidade de diálogo sobre a proximidade do fim da vida, no caso de pacientes que não tomaram nenhuma decisão com antecedência, como este capítulo sugere. Esse diálogo oferece a oportunidade para a pessoa redimensionar sua existência, resolvendo situações pendentes e preparando-se para a partida. É melhor morrer em um ambiente mais aconchegante, cercado por familiares, com conforto, sem dor e, principalmente, de maneira natural. Por que não? É interessante que hoje em dia o conflito ético esteja relacionado com a morte natural e não com a morte exaustivamente mantida de maneira artificial até o fim.

Há culturas e religiões que entendem a morte ou sua proximidade de maneira diferente, e temos o dever de respeitar cada cultura e suas crenças acima de tudo, respeitando e honrando o ponto de vista de cada um.

Uma colega cuidou de um paciente idoso, com falência múltipla de órgãos, totalmente dependente do respirador artificial, da hemodiálise e de medicações para manter sua pressão arterial, entre outros problemas. Ele era viúvo e não tinha filhos, apenas um sobrinho que morava em outro país. Esse paciente tinha um testamento vital muito bem redigido, com especificações claras de que não queria estar na situação em que se encontrava, tendo sua vida mantida artificialmente. O sobrinho dele veio da Itália e foi feita uma reunião na tentativa de honrar sua vontade. Além do sobrinho e da advogada, estavam presentes o intensivista, o médico paliativo e o diretor do conselho de ética do hospital. O problema é que, apesar de ter expressado seu desejo, o paciente havia dado poder ao sobrinho e à advogada para tomarem decisões, ou seja, para revogarem o documento que ele deixara. Após a reunião em que foi feita a leitura do testamento, nenhuma decisão foi tomada, porque cada pessoa procurava diferentes interpretações para o que estava escrito.

Se você der o poder de decisão à outra pessoa, ainda que expresse claramente sua escolha, sua morte poderá ser prolongada, mas pelo menos seu desejo foi deixado por escrito. A situação é mais difícil quando toda a responsabilidade recai sobre os ombros do cônjuge ou do filho primogênito, em caso de divórcio ou viuvez. Há variantes que podem ser especificadas no testamento vital, o que certamente facilitará a concretização dos desejos de quem o elaborou.

Sabemos que todas as pessoas precisam de um tempo para absorver o que está acontecendo com seu ente querido na UTI. Enquanto discordam quanto às decisões a serem tomadas, estão ganhando o tempo de que precisam. É bom lembrar que esse tempo é o mesmo em que se prolonga o sofrimento do paciente.

É comum ouvir "quero que se faça tudo para salvar a vida..." e tudo que é possível é feito. Entretanto, apesar de todas as tentativas, o paciente provavelmente não conseguiria sobreviver cinco minutos caso não estivesse ligado a toda a parafernália tecnológica – chamamos isso de manutenção da vida de maneira totalmente artificial.

Vale lembrar que não são só os doentes ou idosos que morrem. Qualquer pessoa sadia pode morrer repentinamente. Isso inclui você e eu. Por isso esse assunto diz respeito a todos nós. A vida tem começo, meio e fim.

Quando o paciente tem que decidir

Há algum tempo, tive que conversar com uma paciente sobre a proximidade do fim de sua vida e as opções de cuidados disponíveis. Era uma senhora de 70 anos de idade, que sempre trabalhara como paramédica. Atuou no corpo de bombeiros, resgatando pessoas e levando-as para os hospitais. Depois que se aposentou, trabalhou muitos anos como secretária no pronto-socorro do hospital onde trabalho. Muitas pessoas a conheciam, até mesmo colegas da UTI. Eu não a conhecia. Cuidei dela por três dias seguidos. No segundo dia, conversei com sua irmã mais velha, com quem morava, sobre a situação da paciente e o final da vida que se aproximava. Tinha ela falência múltipla de órgãos, além de doença renal em último grau, rejeição do fígado transplantado e um coração com apenas 20% de sua capacidade total, só para mencionar alguns dos muitos problemas.

Pedi que a irmã trouxesse de casa o testamento vital para revê-lo com a paciente. O plano era fazer isso no dia seguinte, na presença da paciente e das irmãs, já que sua condição havia se deteriorado desde que o testamento fora feito.

No dia seguinte, antes que as irmãs chegassem, ao ajudá-la com o café da manhã, comecei a conversar com ela e perguntei quais eram suas expectativas em relação a sair da UTI. Ela me disse que queria ir para casa. Conversamos sobre todas as medicações que estavam sendo dadas por via endovenosa para conseguir mantê-la viva. Mencionei a provável consequência se essas medicações fossem desligadas e ela fosse para casa, como gostaria. Enquanto conversávamos, ela fechou os olhos e não os abriu mais. Disse-lhe que sabia que estava me ouvindo, e ela meneava a cabeça concordando. Continuei falando sobre os tratamentos agressivos que vinha recebendo e a possibilidade de adicionar outras medicações para ela conseguir fazer a hemodiálise de que tanto precisava. Falei também sobre o tratamento de conforto como uma opção e enfatizei que honraríamos sua escolha qualquer que fosse. Ela permaneceu com os olhos fechados o tempo inteiro. Eu sabia que estava sofrendo com aquela realidade, mas queria dar-lhe a oportunidade de escolher que tipo de morte gostaria de ter – uma morte com mais dignidade ou a morte na UTI, com todos aqueles equipamentos conectados ao seu corpo.

Minhas colegas, que já a conheciam há algum tempo, desejavam que essa conversa acontecesse, mas não tinham coragem de fazê-lo, porque havia uma ligação de amizade antiga entre elas. Não foi fácil ter essa conversa, e tive que sair da minha zona de conforto para poder ajudá-la. Enquanto falava com ela, tentei colocar-me em seu lugar e fiquei realmente triste. Eu acredito que nada acontece por acaso, e sei que estava ali naquele dia por um motivo muito especial.

Na mesma tarde, tivemos uma reunião com o intensivista, a paciente, as irmãs, o nefrologista e eu. Falamos basicamente o que havia sido abordado pela manhã, o que facilitou a reunião da tarde. Ela pediu para pensar durante a noite. No dia seguinte, decidiu pelo tratamento de conforto. Como resolveu ir para casa, honramos o seu pedido. Planejamos a alta e ela teve uma morte natural em casa, cercada de familiares e amigos.

Quando a família tem que decidir

Recentemente, cuidei de um paciente de 80 anos, com um sério problema no coração. Não conseguia manter a pressão arterial, por isso estava recebendo várias medicações. O paciente tinha uma longa história médica de doenças graves. Seus rins não funcionavam e tinha um sério problema de arritmias cardíacas que estavam se agravando em virtude do uso de certos medicamentos. Estava recebendo continuamente um total de oito medicações na veia para manter seu corpo em funcionamento. Tinha marcapasso e desfibrilador implantados anteriormente e estava respirando por um respirador artificial, além de muitos outros problemas com infecções, quadro semelhante aos descritos anteriormente.

Tentei conversar com a esposa do paciente durante o dia, mas ela só queria saber se alguma coisa tinha mudado em relação ao dia anterior. Tentei explicar- lhe que seu marido estava acumulando líquidos no corpo, por isso os parâmetros no respirador tinham sido mudados para que ele pudesse respirar adequadamente, entre outras coisas, mas ela não queria ouvir. Estava sendo um momento muito difícil para ela, mas naquele dia o médico da UTI e eu tentamos alertá-la da proximidade do fim da vida do paciente. Infelizmente, apesar das evidências, ela esperava a cura.

A situação se agravava com episódios de paradas cardíacas e reanimações. O intensivista telefonou para ela e explicou-lhe que o quadro estava pior.

Última palavra

O paciente já apresentava esses problemas há alguns anos e, com o passar do tempo, foram se agravando. Talvez tenha faltado a ele a oportunidade de uma explicação sobre sua situação para que ele pudesse escolher se preferia passar os últimos momentos de sua vida na UTI, sendo mantido artificialmente, sofrendo o desconforto da massagem cardíaca e do choque, em vez de ter a família e os amigos pertinho, ouvindo como foi amado e admirado. Poderia, desse modo, receber o carinho dos netos, em um ambiente aconchegante, ainda que fosse um quarto de hospital.

No dia seguinte, quando voltei, o paciente ainda estava lá, nas mesmas condições; talvez um pouco pior, devido ao acúmulo de líquidos no organismo como consequência da infusão de medicações indispensáveis para mantê-lo vivo. O quadro se agravava devido ao problema renal. E agora, o que fazer?

Foi decidido fazer hemodiálise contínua, com a aprovação da esposa, obviamente. Tentei convencer o médico a não submeter o paciente a mais uma intervenção, que seria a colocação de um catéter próprio para a hemodiálise contínua. Era evidente que ele não aguentaria, mas o catéter foi colocado e a hemodiálise iniciada. Com apenas 40 minutos de tratamento, a pressão do paciente ficou tão baixa que a hemodiálise teve que ser encerrada. Não houve outra opção a não ser parar o tratamento. Infelizmente, os recursos existentes não são benéficos para todos os pacientes.

Depois de tudo isso, sentei para conversar com a família. Expliquei o que tinha acontecido e falei sobre as duas opções possíveis. Uma era continuar o tratamento que vinha sendo executado até que o corpo do paciente não aguentasse e ele viesse a morrer, apesar de todos os equipamentos. A outra opção eram os cuidados de conforto que lhe proporcionariam a morte natural. Expliquei tudo em detalhes e respondi a todas as perguntas que tinham em mente. Depois, deixei-os a sós para conversarem, sem pressão de tempo. Disse que toda a equipe estaria disposta a seguir o tratamento que eles escolhessem.

Uma hora depois, eles me chamaram e falaram que escolhiam o tratamento de conforto a ser efetivado no dia seguinte. Comuniquei ao intensivista a decisão da família, o que o deixou aliviado. No dia seguinte, o paciente teve a permissão de morrer naturalmente, e seu corpo parou de funcionar por si mesmo. Foi uma decisão difícil, mas tomada com muita compaixão, apesar do momento de muito estresse.

O que decidir?

- Em caso de sua vida estar sendo mantida de maneira puramente artificial, por meio de respiradores e outros equipamentos/medicações, qual a sua opção?
- Em caso de parada cardiorrespiratória, você concorda com massagem cardíaca, choque e entubação, ou seja, a introdução de um tubo em sua boca para que

um respirador seja conectado e você possa receber a oxigenação de que precisa, artificialmente?

Você pode optar também pela reanimação parcial, em casos de doenças terminais, decidindo apenas pelas medicações, sem choque, sem massagem cardíaca e sem respiração artificial.

Declaração de morte natural

- Se eu tiver uma doença incurável (ou irreversível), em cuja situação esteja sujeito a morrer dentro de um período curto de tempo, caso não sejam administrados tratamentos artificiais;
- ou estiver em coma (ou condição vegetativa), em uma situação irreversível, e os recursos e equipamentos utilizados estiverem apenas prolongando artificialmente o processo da morte, desejo que esses procedimentos e equipamentos sejam removidos. Peço que me seja permitido ter uma morte natural e que sejam administrados apenas cuidados e medicamentos que me proporcionem conforto.

Você também pode ser mais específico em relação à nutrição e à hidratação através de tubos e sondas, se julgar que constituam uma maneira de prolongar a vida – levando em consideração as situações mencionadas. É importante buscar a orientação médica e, quando necessário, consultar seu advogado, para que tudo seja mantido dentro da lei.

Caso não queira a interferência de algum familiar, seu desejo será irrevogável. Se, apesar de sua preferência pela morte natural, escolher um representante, isso poderá trazer algum conflito. Muitas pessoas escolhem um representante legal para tomar as decisões necessárias diante da possibilidade de suas habilidades mentais estarem deterioradas, na ausência de um familiar próximo. No entanto, as pessoas escolhidas acabam não decidindo nada, porque receiam tirar a oportunidade de vida do paciente ou mesmo impedir a chance de um milagre acontecer.

Outro aspecto que poderá considerar é se o documento perderá a validade com o tempo ou se terá duração indeterminada; se poderá ser alterado, e por quem.

Decida. Use seu direito de ter a última palavra. É simples!

Você quer ter morte natural? Isso não significa omissão de socorro. Significa que você não quer prolongar a vida artificialmente, quando a morte for inevitável. Registre em cartório o desejo de não ter sua vida prolongada artificialmente quando não houver perspectiva de cura, se essa for a sua escolha. Além de ter uma morte digna, evitará problemas de ética médica, pelo menos no seu caso.

Doação de órgãos

A doação de órgãos e tecidos é um ato resultante da vontade de fornecer uma ou mais partes de nosso corpo para que sejam usadas no tratamento de outras pessoas, permitindo que tenham melhores condições de vida.

É possível doar órgãos (rim, fígado, pâncreas e pulmão) ou tecidos (córnea, pele, ossos, válvulas cardíacas, cartilagem, medula óssea e sangue do cordão umbilical). Alguns órgãos, por serem duplos, podem ser doados em vida, como o rim. Outros órgãos ou tecidos que podem ser obtidos de um doador vivo são a medula óssea e parte do fígado e pulmão.

No contexto deste livro, quero ressaltar a doação de órgãos de pessoas falecidas. Veja que falecimento não é a mesma coisa que morte. Falecimento é morrer no sentido de chegar ao fim da vida, como ocorre na velhice ou em consequência de uma enfermidade, ou mesmo morte cerebral por overdose. Para a doação de órgãos de pessoas falecidas, é necessário que haja a confirmação do diagnóstico de morte encefálica, que é a interrupção irreversível das atividades cerebrais. Como o cérebro comanda todas as atividades do corpo, quando este morre, significa a morte da pessoa.

Se você escolher ser um doador, informe esse desejo aos seus familiares ou expresse-o por meio de uma declaração por escrito. Nos Estados Unidos, seu desejo se torna público em sua carteira de motorista, que também funciona como sua carteira de identidade.

Esse procedimento faz sentido porque pessoas que sofreram um acidente com traumatismo craniano (queda, acidente de carro ou de moto, etc.) são potenciais doadores.

Outra situação envolve indivíduos que sofreram um acidente vascular cerebral (derrame) e evoluíram para a morte encefálica, também conhecida como morte cerebral. Embora ainda haja batimentos cardíacos, a pessoa com morte cerebral não consegue respirar sem a ajuda de aparelhos. É fundamental que os órgãos sejam aproveitados enquanto houver circulação sanguínea para irrigá-los. Se o coração parar, somente as córneas podem ser aproveitadas.

Cuidei de um paciente de 29 anos, admitido com overdose em heroína, que foi encontrado em parada cardiorrespiratória por um colega, e o serviço de emergência acionado. Foi reanimado e agora se encontrava na UTI, sem reflexos, sendo sustentado apenas pela ajuda de aparelhos. O diagnóstico de morte cerebral ou morte encefálica foi dado através de exame clínico neurológico, assim como exames complementares para confirmarem o diagnóstico. O protocolo que apura essas condições deve ser repetido em um intervalo mínimo de seis horas, e é obrigatória a utilização de exames complementares. Uma vez feito o diagnóstico de morte encefálica, o indivíduo é declarado legalmente morto. Mantivemos o paciente "vivo" porque anteriormente havia optado por ser um doador. Apesar de ter Hepatite C, seu fígado e um rim foram doados para um receptor que também tinha hepatite C.

Quando um doador efetivo é reconhecido, as centrais de transplantes das secretarias estaduais de saúde são comunicadas. Apenas elas têm acesso aos cadastros técnicos de pessoas que estão na fila. Além da ordem da lista, a escolha do receptor será definida pelos exames de compatibilidade com o doador. Por isso, nem sempre o primeiro da fila é o próximo a ser beneficiado.

A doação é regida pela Lei nº 9.434/97. É ela quem define, por exemplo, que a retirada dos órgãos e tecidos das pessoas falecidas só pode ser realizada se precedida de diagnóstico de morte cerebral constatada por dois médicos e sob autorização do cônjuge ou de um parente.

Você pode se cadastrar *online* ou obter mais informações no site de hospitais particulares ou no Portal Brasil, disponível em: <http://www.brasil.gov.br/saude/2009/11/informe-se-sobre-o-processo-de-doacao-de- orgaos-e-tecidos>.

Honrando a decisão de cada pessoa

Há ainda muitos casos em que as pessoas fazem o testamento vital e especificam claramente que não gostariam de ser mantidas vivas de maneira artificial, mas mesmo assim a família decide "lutar até o fim", sem perceber que além de não honrar o desejo de seu ente querido, está prolongando esse "fim". É o prolongamento da morte, e não da vida.

Se os familiares decidirem honrar o desejo do paciente, caso ele não tenha tido a oportunidade de escolher, é razoável que se reúnam com os médicos e o(a) enfermeiro(a) e decidam o que é melhor. Tudo dependerá da situação.

Quando a morte natural e os cuidados de conforto são a opção escolhida, isso mostra que a pessoa que sofre está sendo colocada em primeiro plano e em segundo lugar está a dor da perda dos familiares. Esse é um gesto nobre da família e costumo reiterar minha admiração por familiares que escolhem o que é melhor para o doente.

Você tem a última palavra.

> Nunca é fácil decidir, mas à medida que se interessar por entender melhor o fato de que a vida tem começo, meio e fim, terá a oportunidade de escolher.

Capítulo 4

O perdão

Cada um de nós gostaria que a vida fosse justa e que não precisássemos passar por certas situações. Poderíamos perguntar a outras pessoas o que acham justo, à luz das experiências que viveram ou observaram. Poderíamos fazer uma lista juntos…

Você acha justo uma criança mudar nove vezes de escola, do Jardim ao Ensino Médio, sendo sete delas para cidades, estados, países e até continentes diferentes?

Você acha justo alguém morar confortavelmente, enquanto alguém de sua própria família não tem onde dormir?

Você acha justo sonhar o melhor para os seus filhos e vê-los sendo tratados com desigualdade?

Você acha justo que pais idosos vejam três de seus quatro filhos mudarem-se para o exterior no mesmo ano, enquanto uma única filha fica sobrecarregada cuidando de sua própria vida e sendo responsável por eles?

Você acha justo algumas pessoas serem obrigadas a ir para a guerra e morrer, muitas ficarem mutiladas e outras nem precisarem sair de seu próprio país?

Você acha justo alguém ser caluniado a ponto de perder o emprego?

Você acha justo alguém morrer sozinho, depois de ter passado pela maratona da vida, enquanto um bebê nasce e o quarto está repleto de pessoas?

Você acha justo uma criança morrer de leucemia ou afogada na piscina da própria casa?

Você acha justo alguém com câncer ter uma dieta natural para viver um pouco mais, enquanto outros escolhem uma dieta que lhes causa doenças e até a morte?

Você acha justo desperdiçar alimentos enquanto muitos morrem de fome?

Você acha justo alguém lutar contra a doença para não morrer enquanto no quarto ao lado alguém está quase morrendo porque tentou tirar a própria vida?

Você acha justo um pai abusar sexualmente da filha de seis anos e ela passar a viver em uma clínica, necessitando de uma equipe multiprofissional para ajudá-la a superar o trauma?

Você acha justo os pais enterrarem os filhos?

A lista pode ser muito maior, você sabe.

Última palavra

A vida não é justa! Mas este não é um capítulo para analisar as injustiças sociais. Este é um capítulo sobre o perdão.

O que fazer com o turbilhão de emoções que aparecem no coração quando situações como essas e outras piores acontecem com você ou com aqueles que estão a sua volta?

Crescemos aprendendo que, se emprestarmos nossos brinquedos, nossos amigos vão emprestar os deles. Aprendemos que se formos corteses com os outros, os outros também serão conosco. Cremos que se mantivermos nossa palavra com alguém, essa pessoa agirá da mesma forma. Acreditamos que ao prometermos ser fiéis no casamento, a outra pessoa também se manterá fiel. Quando nossos filhos nascem, comprometemo-nos a permitir que cresçam em um lar sadio, mas infelizmente lares são desfeitos. Também pensamos que se dermos tudo de nós no trabalho, jamais seremos despedidos. No entanto, as coisas nem sempre ocorrem assim.

O problema é que cada um de nós tem o próprio senso de justiça baseado em valores morais, culturais e religiosos, ou na ausência deles. Então os conflitos surgem. As pessoas pensam, entendem e agem de maneira diferente.

Cada um de nós tenta executar a própria justiça. Se o outro não age de acordo com o nosso conceito de justiça, determinamos a maneira como será tratado e ponto final. Na maioria dos casos, falta generosidade; em outros casos, parece ser uma questão de sobrevivência.

O que bloqueia a generosidade são os sentimentos existentes no coração de cada pessoa; são os interesses individuais, que nos levam a fazer o que é "certo" de acordo com os padrões de justiça que aprendemos e julgamos corretos.

Reporto-me à história do bom samaritano. Você a conhece? O bom samaritano é aquela pessoa generosa que não perde tempo analisando o perfil do necessitado; simplesmente vai lá e ajuda. O bom samaritano não é influenciado pelo passado de quem precisa de ajuda ou pelo passado de seus ancestrais. O objetivo do bom samaritano é ajudar quem encontra no caminho. Ele é generoso.

Gosto de acreditar que o mundo não é ruim. O que falta são pessoas generosas. Generosas consigo mesmas e com os outros. Generosas o suficiente para perdoar.

O que é perdão?

O perdão é um processo mental ou espiritual de cessar o sentimento de ressentimento e raiva contra outra pessoa ou contra si mesmo, decorrente de ofensas, diferenças, erros ou fracassos; é quando se extingue a exigência de castigo ou restituição. Não exige uma assembleia ou um tribunal para que aconteça. Leva em consideração apenas os sentimentos de quem perdoa e de quem é perdoado.

Normalmente, é concedido sem qualquer expectativa de compensação, e pode ocorrer sem que o perdoado tome conhecimento (por exemplo, uma pessoa pode perdoar alguém que já morreu ou que não vê há muito tempo).

É o esquecimento completo e absoluto das ofensas. Vem do coração, é sincero, generoso e não fere o amor próprio do ofensor. Não impõe condições humilhantes nem é motivado por orgulho.

O verdadeiro perdão se reconhece nos atos, ou seja, você volta a ser capaz de conviver com a pessoa que o ofendeu com um coração totalmente livre de qualquer ressentimento. Não porque conseguiu mudar a pessoa, mas porque decidiu mudar alguma coisa dentro de si mesmo.

Às vezes esperamos por um pedido de desculpas que nunca vem, e vivemos com aquela mágoa em relação a A ou B, tentando punir o ofensor. Devia ser simples, mas é complicado.

> **Na realidade, a questão do perdão é entre você e você mesmo. Não importa se a outra pessoa merece, se está viva, nem interessa sua localização geográfica.**

Por que é tão difícil? Porque essa é uma luta contra você mesmo. Uma luta contra seus conceitos de justiça, contra a maneira como está acostumado a arrazoar as coisas, e uma convivência muito próxima com sua própria falta de generosidade. Se você for uma pessoa famosa, um líder poderoso, alguém elogiado, a quem as pessoas obedecem e a quem falam o que quer ouvir, então fica mais complicado conseguir perdoar ou reconhecer que ofendeu alguém, ou mesmo relevar uma ofensa.

O que a maioria faz? A maioria apenas ignora o ofensor, eliminando-o de seu ciclo de convívio, fazendo com que a pessoa sinta-se completamente rejeitada, valorizando o próprio sentimento.

É mais difícil tentar entender o outro lado, perguntar o que aconteceu e verificar se entendeu tudo corretamente. A maioria de nós não pergunta para o ofensor o porquê da atitude que provocou a mágoa.

Alguém já interpretou uma atitude sua de maneira errada? Como costumamos agir nesse caso? Fingimos que perdoamos, mas evitamos contato. E todas as vezes que vemos ou pensamos naquela pessoa, voltamos a ter o mesmo sentimento que tivemos quando o episódio aconteceu: ressentimento.

Qual a desculpa mais frequente para não perdoar?
Eu só quero ao meu lado pessoas que me coloquem para cima.
Eu não quero ao meu lado pessoas que falem mal de mim.
Eu só quero ao meu lado pessoas que me aceitem como sou.
Eu quero ao meu lado pessoas em quem eu possa confiar.
Eu quero ao meu lado pessoas que me façam bem.
Não há nada de errado nisso. Também quero isso para

mim. O ponto em questão é que, quando nos colocamos no centro do mundo, perdemos a capacidade de aceitar as diferenças e torna-se cada vez mais difícil perdoar.

E por que perdoamos? Porque decidimos não carregar o peso do rancor ou da culpa dentro de nós.

Precisamos viver bem, ser felizes, armazenando no coração sentimentos positivos que alimentem nossa alma e nos mantenham saudáveis!

Nós decidimos ser generosos com as pessoas, buscando conhecer seus interesses e dificuldades. Na generosidade, o parâmetro não somos nós, é o outro.

E quando não conseguimos nos perdoar por alguma coisa que fizemos ou deixamos de fazer? Conheço pessoas que alimentam uma culpa constante e fazem questão de sofrer, como um tipo de autopunição. Isso, às vezes, acontece por falta de oportunidade de pedir perdão (por causa da distância física ou porque o ofendido já não vive mais).

Tenho boas notícias! Não é necessário que alguém ouça o que tem a dizer. Prova disso são as vezes que alguém já lhe pediu perdão e você disse para si mesmo "eu perdoo, mas não esqueço". Em outras palavras, o protocolo foi feito, mas não houve o perdão; por isso não houve esquecimento. As duas partes estavam lá, mas o perdão não aconteceu. Por quê? Porque o perdão só depende de você.

É interessante que esse "esquecer" não é necessariamente um caso de amnésia, e sim que, seja lá o que tenha ocorrido, não incomoda mais você. Isso acaba com os problemões, não é? Porque para coisas pequenas a gente diz com sinceridade: "nem me lembrava mais disso".

A falta do perdão é sempre um problema, especialmente no final da vida. Um dia cheguei à UTI para trabalhar e fui escalada para cuidar de uma paciente que tinha câncer com metástases. Tinha sido internada com pneumonia.

Entrei no quarto e me apresentei. Disse-lhe que seria sua enfermeira durante as próximas 12 horas.

Enquanto eu falava, o alarme que media a saturação de oxigênio no sangue começou a tocar, informando que, apesar de estar usando um cateter nasal de alto fluxo de oxigênio, a paciente só conseguia absorver 86%. Pedi a ela que, ao ouvir o alarme, procurasse dar duas ou três respirações mais profundas. Saí do quarto para buscar seu antibiótico e, quando retornei, ela me surpreendeu com a seguinte pergunta:

– O que eu faço para morrer? Você pode me ajudar?

Na época, tinha 38 anos de profissão e nunca um paciente tinha me pedido para ajudá-lo a morrer de maneira tão explícita. Peguei uma cadeira, sentei-me ao seu lado e perguntei:

– Você quer mesmo morrer? Por quê? Você tem apenas 55 anos.

– Estou cansada. Já faz muito tempo que estou nessa luta! Não consigo fazer nada sozinha: andar, vestir-me, comer, e agora não consigo respirar. Já fiz quimioterapia e radioterapia. Às vezes melhoro, mas na maioria das vezes eu me sinto mal e exausta.

Tentei argumentar que as primeiras horas de tratamento com antibióticos seriam mais desgastantes, mas que ela logo se sentiria melhor e se curaria da pneumonia.

– Eu tenho metástases no pulmão e agora estou com pneumonia na parte que restava. Estou cansada, quero morrer. Você me ajuda? Pode me dar morfina? – insistiu.

– Morfina? – questionei.

– É, morfina. Vocês não dão morfina quando a pessoa está morrendo?

– Usamos morfina para pacientes que estão com dor. Há várias situações nas quais os pacientes não estão morrendo, mas estão com dor. Usamos para aliviá-la.

– Você vai me ajudar a morrer?

Eu segurei a mão dela e perguntei se tinha algum familiar com quem gostaria de conversar sobre esse assunto. Ela me disse que tinha um filho de 25 anos e pediu que eu a ajudasse a telefonar para ele. Ela ligou e pediu que viesse ao hospital. Continuei conversando e perguntei se havia mais algum familiar com quem gostaria de conversar, mas ela respondeu enfaticamente que não. Eu sabia que era viúva, mas insisti na pergunta: "Tem certeza de que não tem nenhum outro parente para quem gostaria de telefonar?". Ela demorou um pouco para responder e finalmente disse: "eu tenho um irmão, mas ele não fala comigo há mais de cinco anos". Sugeri que ligasse para ele, mas ela me disse que não tinha seu telefone. Perguntei se tinha o endereço; assim poderia escrever uma carta. Ela disse que não queria escrever.

Então eu lhe disse: "Você não quer morrer?". Ela

respondeu que sim. Falei que estava tentando ajudá-la a morrer em paz. Ela me disse que ele havia parado de falar com ela e que era o culpado. Então eu disse que não importava quem era o culpado; o importante é que ela queria morrer e deveria sentir paz interior. Ela começou a chorar. Perguntei se queria que fizesse uma oração e ela concordou. Depois da oração, eu disse que iria deixá-la sozinha um pouquinho para pensar. E assim aconteceu. Durante aquele dia, com o auxílio de sua melhor amiga, a carta foi escrita para o irmão. Algumas horas mais tarde, perguntei como ela estava se sentindo e ela me disse que estava muito feliz; que nunca tinha sentido uma paz interior tão grande como aquela.

Perdão. Que alívio perdoar!

Ela não precisou ver ou falar com o irmão para perdoá-lo. O perdão só dependia dela. Ela decidiu confrontar-se e o resultado foi a generosidade para perdoar. Agora tinha colocado sua vida em dia e estava pronta para morrer. (Esta história será concluída no capítulo "Morte natural").

Essa paciente tinha uma doença terminal que já havia se espalhado pelo corpo. Ela sentia a proximidade do fim, então usou o tempo que lhe restava para perdoar e ficou em paz.

Tempo tem uma conotação de urgência e me coloca sempre em cheque-mate. Será que o sentimento que estou acariciando hoje em meu coração é positivo, construtivo, otimista e agregador ou é separador? Quanto tempo se perde nutrindo sentimentos que destroem a alma, causando problemas de saúde e até a morte. A raiva e o ressentimento são como um copo de veneno que bebemos, esperando que o outro morra.

> **Em algum momento da vida é possível passarmos por situações em que perdemos o controle e ofendemos alguém ou somos ofendidos. Ficamos tristes com a situação, mas muitas vezes tentamos ignorar o fato e repetimos para nós mesmos que apenas "reagimos" ao que quer que seja.**

O fato é que o tempo passa e as situações não são resolvidas. Com isso os distanciamentos acontecem. Pensamos que podemos resolver depois e acalentamos em nosso interior um sentimento que nos rouba o que poderíamos ter de melhor.

Quem nunca viveu uma situação semelhante?

Às vezes, vemos desentendimentos entre pessoas da mesma família e o relacionamento não flui de maneira transparente. Isso ocorre porque as pessoas se negam a conversar e se expor. Não querem se sentir vulneráveis e não abrem o coração de maneira construtiva para tentar resolver o problema.

De modo geral, queremos aplicar a Regra Áurea ou a ética da reciprocidade: "Faça aos outros somente o que gostaria que fizessem a você". Esse é um excelente conselho e daria certo se todos o seguissem, mas nem todos vivemos esse princípio e, mesmo os que tentamos, não somos 100% consistentes nessas tentativas.

Para tornar a sociedade mais justa, foram criadas regras faladas e não faladas, as quais incluem os valores morais que nos foram ensinados por nossos pais, os valores religiosos e as experiências da vida. Essas regras criam em nós uma expectativa de como as pessoas devem nos tratar e como devemos tratá-las. Quando eu atendo às expectativas das pessoas, e as pessoas atendem às minhas, o relacionamento traz uma satisfação mútua.

Só que eu falho; você falha. Falhamos de maneiras diferentes. Esse ressentimento criado, a raiva, alastra-se, porque tentamos receber o apoio de outras pessoas ao compartilhar o nosso lado da história.

Quando éramos crianças, esses conflitos eram resolvidos de maneira simples. Era só contar para a mamãe e ela fazia justiça; e nos sentíamos melhor.

Quando nos tornamos adultos, recorremos a advogados, e a quantia financeira solicitada serve para fazer com que nos sintamos melhor. É por isso que há tantos programas de tribunal na TV americana. É possível ir ao tribunal por qualquer motivo – desde uma roupa emprestada que foi danificada até um caso mais complicado.

A única saída parece ser mesmo o perdão. E como é que eu vou perdoar alguém que nem acha que precisa de perdão? Esse não é um caminho fácil, mas é o certo. O fato é que não podemos controlar o comportamento das outras pessoas, mas podemos controlar a nossa reação; podemos escolher perdoar. O perdão não é apenas um conceito a ser estudado e analisado, mas uma maneira prática de viver a vida.

Experiência pessoal

Acredito que todos nós tivemos inúmeras situações em que nos sentimos injustiçados, mas quero compartilhar duas experiências com você, as mais difíceis para mim.

Última palavra

A primeira começou três meses antes de meu divórcio, quando o acúmulo de situações estressantes, de intensidade prolongada me deixara em um terrível estado de angústia. Interessante que até então eu não sabia que, quando acordava subitamente, no meio da noite, com dor no peito e dificuldade para respirar, isso era angústia. Angústia, para mim, era uma ansiedade intensa devido a um estresse prolongado, mas sem sintomas físicos. Como enfermeira, achava que esses eram sintomas de um ataque cardíaco. Porém, fui diagnosticada com angústia e comecei a fazer terapia. Depois de 22 anos de casada, o inevitável aconteceu – o divórcio.

Continuei a terapia por um ano e meio.

Sempre pedia a Deus para me dar um coração novo, sem ressentimento. Era a minha oração diária! Nossa tendência em uma situação como essa é fixar nossa atenção nos aspectos negativos e ter pensamentos repetitivos de tudo o que consideramos injustiça. Uma grande amiga, na época uma amizade recente, disse claramente, enquanto viajávamos de São Paulo para o Guarujá, que não queria mais ouvir minha história. Estava recém-divorciada, mas percebi que mudar meus pensamentos me faria bem. Hoje somos amigas há mais de 13 anos. Outra amiga me deu um livro que ensinava a controlar o pensamento. Na época, éramos amigas há 20 anos; hoje somos amigas há mais de 30!

O que quero ressaltar dessa primeira experiência é que toda pessoa tem a capacidade de escolher.

Escolher entre permanecer no estado de ressentimento e negativismo ou colocar novos objetivos em sua vida, mantendo o passado no lugar dele e reconstruindo a vida de maneira positiva e sem ressentimento. Eu tinha escolhido respeitar meus filhos. E a maior beneficiada fui eu. Busquei o caminho da cura e o alcancei, graças a Deus, a um conjunto de iniciativas pessoais, ao apoio da família e das amigas! Com o coração curado, fiquei livre para amar outra vez.

Depois de cinco anos, Deus colocou um homem especial em minha vida e estamos casados há quase dez. Perdão! Só depende de você.

A segunda experiência que quero compartilhar aconteceu no meu ambiente de trabalho. Ser enfermeira é muito bom, mas o ambiente é ionizado com hormônios femininos. Há muita competição (mesmo quando você não está competindo), e muita tentativa de interferência em sua vida pessoal.

O problema começou seis meses antes da celebração das bodas de diamante dos meus pais, que ocorreria no Brasil na semana do Natal. Resolvi então falar com algumas colegas para ver quem poderia cobrir meus plantões. Eu não estava saindo de férias, portanto arcaria com a responsabilidade sem que alguém tivesse que trabalhar horas extras.

Fui ao departamento de recursos humanos e informaram-me que não haveria problema algum se fosse feito dessa maneira. Infelizmente, algumas de minhas colegas começaram a fomentar a questão, a ponto de eu ser totalmente marginalizada pela maioria.

Começaram então as calúnias, porque minhas colegas queriam que eu fosse demitida, apesar de estar agindo de acordo com as orientações do RH. A pressão era tremenda; até tiraram meu nome da escala no mês de janeiro, como se eu realmente tivesse sido demitida. Recorri, e meu nome foi recolocado.

Pensei em pedir demissão e procurar emprego em outro lugar. Com minha experiência, não seria difícil encontrar. Porém resolvi ficar e confiar em Deus.

Algumas colegas percebiam o que eu estava sofrendo. Uma delas teve coragem de se pronunciar em meu favor e foi repreendida. Fui para as bodas e voltei, mas a hostilidade continuava a mesma, pela maioria.

Um dia abri a Bíblia e li Mateus 5:43-48, que fala sobre amar os inimigos. Os versos 46 e 47 dizem "se vocês amam somente os seus amigos, o que estão fazendo demais?".

E, no verso 48, "sejam perfeitos em amor, assim como é perfeito o Pai de vocês, que está no Céu". E agora? Eu tinha que escolher. Escolher se eu ia ficar com aquele peso no coração e o ressentimento por ter sido tratada daquela maneira ou se ia ficar disponível para Deus transformar meu coração.

Aprendi muito cedo na vida que a Palavra de Deus[4] tem o poder de transformar.

Sou cristã e procuro ter uma conduta baseada nestes ensinamentos. Conheço muitas pessoas que não são cristãs ou religiosas e são extremamente generosas. Estou compartilhando o que funcionou para mim.

Então pensei: "Se a Palavra de Deus tem a capacidade de transformar, vou ler Mateus 5 e 6 todos os dias e vou ser transformada". E comecei a luta contra meus sentimentos. Passou um mês, dois meses, três meses, e nada; ainda não estava amando ninguém que tinha me ofendido, nem tinha perdoado, mas continuei lendo. Passaram-se cinco meses, seis meses, sete meses, e nada. Todos os dias lia a mesma coisa e orava o "Pai Nosso", mas no meu coração não havia perdão. Continuei. Depois de dez meses nesse intensivo, senti que tinha de fato perdoado. Não guardava rancor, conseguia conversar normalmente e até dar risadas com aquelas pessoas! Não tive um lapso de amnésia e esqueci tudo, mas não tinha mais aquele sentimento pesado e negativo em meu coração. Incrível! Às vezes brinco e digo que se meu coração fosse melhorzinho, com dois meses de leitura e oração o problema teria sido resolvido.

Hoje, graças a Deus, posso ajudar meus pacientes a escolher perdoar, e, consequentemente, experimentar uma paz e uma leveza indescritíveis! O perdão me ajudou mais do que a qualquer outra pessoa.

Perdoar é uma escolha!

O Dr. Dick Tibbits escreveu um livro muito interessante intitulado *Forgive to Live*[5] ("Perdoe para viver"), em que fala sobre um estudo que comprova cientificamente o poder curador do ato de perdoar. O estudo, denominado Redução da hipertensão através de treinamento em perdão, foi feito no Florida Hospital, em Orlando.

A Associação Americana de Cardiologia declarou que "raiva" é um fator de risco para ataques do coração, juntamente com taxas elevadas de colesterol, vida sedentária e alimentação inadequada. No quarto capítulo do livro, o Dr. Tibbits fala sobre estudos recentes que comprovam a conexão entre situações de raiva ou ódio permanente e dores de cabeça, problemas de estômago, dores nas articulações, fadiga e dores na coluna lombar.

Apesar de este ser um livro voltado para o fim da vida, meu desejo é que você usufrua de uma vida saudável hoje. A maneira como vivemos ajuda a definir como o fim da vida será, de uma forma ou de outra.

Não é a realidade, mas a percepção dela que afeta seu corpo. Você não pode mudar a realidade, mas pode mudar a sua percepção a respeito dela. Pessoas diferentes vão ter percepções diferentes da mesma realidade.

Em minha vivência com pacientes no final da vida eu diria *Forgive to die* ("Perdoe para morrer"). Todos querem morrer em paz. Todos querem sentir essa paz interior que certamente não é gerada em meio a conflitos e situações mal resolvidas. Todos querem ter tempo para colocar as coisas em dia antes de morrer.

Pratique o perdão e observe as reações do seu corpo. Seus problemas de indigestão, pressão alta, arritmias cardíacas, dores de cabeça, cansaço crônico, insônia e problemas de coluna podem melhorar.

Quando mantemos o foco apenas no presente, estamos no único lugar em que podemos ter controle de nossa vida. Tudo o que fazemos só pode ser feito no presente.

Hoje você pode escolher perdoar. O perdão é um processo longo, mas extremamente gratificante.

Capítulo 5

Morte natural

Consideramos o nascimento um evento natural, mesmo que não ocorra naturalmente. Até mesmo no parto normal existem manobras não muito naturais, mas que são consideradas necessárias para que o nascimento seja facilitado (a anestesia peridural, a infusão de soro com medicações - que aumenta as contrações para o parto não ser prolongado-, a cesariana, etc.). Com isso, o sofrimento fetal e o materno são evitados ou amenizados. Todos esses procedimentos são aceitos naturalmente, porque o nascimento é considerado um evento natural.

Por outro lado, vivemos em uma sociedade que busca obsessivamente a imortalidade. Esse é o maior sonho do ser humano. Sonhamos com Shangri-La – um lugar fictício descrito pelo escritor britânico James Hilton, em 1933, no livro *Horizonte perdido*. Shangri-La se tornou sinônimo de um paraíso terrestre – um lugar onde há permanente felicidade, totalmente isolado do mundo exterior, no qual as pessoas são imortais e o envelhecimento é extremamente lento. Quem não gostaria de viver em um lugar assim?

A realidade é que a morte faz parte da vida. Todos vamos morrer. Esse é um fato tão natural quanto nascer. A ideia de uma vida finita nos deixa ansiosos, o que resulta, muitas vezes, na negação do que é inevitável.

No passado, a imortalidade era reivindicada pelos reis egípcios e monarcas egocêntricos que foram mumificados, na tentativa de permanecerem entre os vivos. Foi interessante ver Ramsés II no museu de Cairo, entre outras múmias. Mas a democracia e a modernidade da ciência e da tecnologia tornaram essa ilusão acessível a todos, pelo menos por certo tempo; independentemente da doença, da idade e até mesmo das preferências do paciente.

Morte é a interrupção definitiva da vida. É a cessação das funções vitais.

Morte natural é a que ocorre na sequência de um processo natural degenerativo (de envelhecimento ou doença), sem a influência direta de forças externas.

Eutanásia é o ato de terminar a vida de uma pessoa ou ajudá-la em seu suicídio. Hoje em dia, a morte natural é confundida com eutanásia e discussões prolongadas se travam sobre esse tema, enquanto o sofrimento das pessoas é prolongado. Devemos refletir sobre essas atitudes para não fugirmos dos objetivos da medicina e dos preceitos religiosos e culturais de cada pessoa.

A morte no tempo certo

E tem tempo certo para a morte? Outro dia, ouvi um relato interessante de um dos nossos médicos paliativos em uma reunião com familiares de um paciente. Ele compartilhou o que aconteceu com sua mãe. Tinha 94 anos e todos os dias, ao acordar, dizia: "mas ainda estou viva?", e verbalizava seu desejo de morrer, pois já havia vivido muito. Um dia ela perguntou para o filho: "eu estou morrendo?", e ele disse que sim. Então ela disse: "Hoje não, Senhor".

O sábio Salomão já dizia:
Há tempo para tudo...

Tudo neste mundo tem o seu tempo; cada coisa tem a sua ocasião. Há tempo de nascer e tempo de morrer; Tempo de plantar e tempo de arrancar; Tempo de matar e tempo de curar; Tempo de derrubar e tempo de construir.

Há tempo de ficar triste e tempo de se alegrar; Tempo de chorar e tempo de dançar; Tempo de espalhar pedras e tempo de ajuntá-las; Tempo de abraçar e tempo de afastar.

Há tempo de procurar e tempo de perder; Tempo de economizar e tempo de desperdiçar; Tempo de rasgar e tempo de remendar; Tempo de ficar calado e tempo de falar.

Há tempo de amar e tempo de odiar; Tempo de guerra e tempo de paz. (Eclesiastes 3:1-8)

Tempo

Parece que estamos sempre precisando de mais tempo. Acho que é porque nossa lista de atividades está sempre crescendo, mas o tempo não muda. São 24 horas por dia e sete dias por semana. O inverso é que temos mais tempo quando temos menos atividades. Não há nenhuma ciência nisso.

Quando nossos filhos são pequenos, eles querem e precisam ficar conosco todo o tempo, mas muitas vezes temos só algumas horas por dia e algumas semanas por ano para ficar com eles, em virtude do trabalho. No Brasil, a mulher é privilegiada, porque pode ficar um período maior em casa depois do nascimento do bebê, usufruindo do direito à licença-maternidade. Uma realidade que não existe em outros países.

Com o passar do tempo, vamos preenchendo a vida de nossos filhos com muitas atividades. Assim, eles ficam "ocupados" enquanto estamos envolvidos com nosso trabalho e crescimento profissional. Os filhos crescem e se casam; o ciclo da luta entre o tempo e as atividades "indispensáveis" recomeça.

Última palavra

Os anos passam e os pais, que agora são avós ou bisavós, já não trabalham mais, têm menos atividades e, consequentemente, mais tempo. E agora, com a idade avançada e, muitas vezes, com problemas de saúde, necessitam de ajuda nas tarefas básicas do dia a dia, porque pouco a pouco vão se tornando mais dependentes. Os filhos, netos e bisnetos estão vivendo o momento de muitas atividades e pouco tempo; por isso, os pais e avós precisam ser colocados em clínicas de repouso ou permanecem em casa com cuidadoras 24 horas por dia. É claro que os motivos variam, assim como a gravidade do estado de cada um.

Quase não vemos o tempo passar. Sem que percebamos, restam poucos anos pela frente, em relação aos que já vivemos. Pouco a pouco, a caminhada vai se tornando mais difícil. Em muitos casos, a mente está comprometida em virtude de demência, Alzheimer ou outra doença mental degenerativa. A jornada da vida agora é mais lenta. Para alguns, a perda gradativa da mente os deixa mais dependentes em suas necessidades pessoais; em compensação, protege-os das frustrações causadas pela perda de suas habilidades.

Para os que continuam com a mente acelerada, há o sofrimento porque o corpo não acompanha mais a velocidade da mente. Existe a frustração de não poder realizar mais tantas coisas e de não poder preencher todo o tempo disponível com a presença da família.

Agora, esses avós e bisavós, enfraquecidos, ficam doentes com mais frequência, porque a imunidade diminuiu. É o diabetes descontrolado; uma gripe que não sara e se transforma em uma pneumonia; um refluxo gástrico, que provoca tosse e, consequentemente, a aspiração; uma queda com fratura, diminuindo a mobilidade e aumentando a possibilidade de outros problemas debilitantes; uma infecção urinária não tratada, que pode virar septicemia; um acidente vascular cerebral (o popular derrame), que deixa inúmeras sequelas. E a lista só aumenta. É o ciclo da vida.

A vida tem começo, meio e fim.

Convivo diariamente com pessoas que queriam ter mais tempo ou nem sabem que seu tempo acabou, com familiares que fariam qualquer coisa para ter um pouco mais a companhia de seu ente querido.

A maneira como vivemos pode definir a maneira como vamos morrer, a menos que tenhamos uma morte súbita em um acidente ou que sejamos acometidos por uma doença degenerativa, mesmo que tenhamos um estilo de vida saudável. Se somos sedentários e nossa alimentação não é saudável, a curto ou longo prazo teremos problemas de pressão alta, problemas no coração, diabetes e até derrame cerebral.

A pessoa que abusa das bebidas alcoólicas, fazendo uso de drogas ou misturando-as, aumentando cada vez mais o consumo dessas substâncias, pode ter problemas de fígado e pâncreas irreversíveis; no caso de overdose, pode ocorrer morte cerebral.

Última palavra

Se você não controla seus pensamentos, eles vão controlar você, e isso pode se refletir em depressão, tentativa de suicídio, overdose medicamentosa, etc.

Quem é fumante inveterado não deve ficar surpreso se um dia for diagnosticado com câncer nos pulmões ou se forem detectados problemas no coração, como o infarto. Não estou dizendo que só os fumantes morrem de câncer nos pulmões; estou apenas dizendo que podemos ter certo controle sobre nossa saúde. Ao nos abstermos de determinadas substâncias, estamos evitando algumas doenças. Por outro lado, o consumo de certos produtos poderá dar origem a elas.

Recentemente, cuidei de um paciente de 55 anos, com longa história de problemas no coração, muitos infartos e cirurgias cardíacas. Chegou à UTI após ter sobrevivido a mais uma parada cardíaca e ao cateterismo. A primeira coisa que ele me disse foi: "Estou vivo! Há três horas estava morto e agora estou aqui, falando". E perguntou: "Onde estou?". Eu respondi: "No paraíso!", e demos boas risadas. Ele sobreviveu a mais um ataque do coração e pelo jeito estava surpreso! Confessou que continuava fumando 1 maço de cigarros por dia.

Você pode estar pensando: se a vida chega ao fim para todas as pessoas, eu vou viver da maneira como eu quero. Infelizmente, às vezes os problemas de saúde chegam cedo demais. Há pessoas que têm boa morte, sem sofrimento, outras têm morte traumática!

O importante é arquitetar da melhor maneira possível, dentro das condições de cada pessoa, um momento solene de reflexão, reconexão, perdão e lembrança de momentos alegres, honrando e respeitando os desejos individuais de cada um. É preciso lembrar que, até mesmo quando o paciente e os familiares não têm uma preferência religiosa, existe uma necessidade espiritual.

É essencial dar qualidade à vida terminal[6], por meio dos cuidados paliativos e da promoção do conforto do paciente. O acompanhamento dos profissionais de saúde promove confiança e aceitação serena da morte, tanto para o paciente como para seus familiares. Por esse motivo, fazemos reuniões em que participam o paciente, caso esteja consciente, os familiares, o médico paliativo, o intensivista e o enfermeiro, e toda a situação é exposta. Explica-se o que foi alcançado, ou não, com as tentativas de tratamento feitas. É dito o que ainda pode ser feito ou se não há mais nada que possa ser feito para a cura. É um momento quando respondemos a todas as perguntas do paciente e de seus familiares. Tudo é feito com muito carinho e compaixão.

É também o momento em que introduzimos a morte natural como uma opção, juntamente com os cuidados de conforto. Se o paciente ainda não tem um testamento médico, essa é mais uma oportunidade em que perguntamos: caso o coração venha a parar, há o desejo de que tentemos fazer reanimação com massagem cardíaca, choque, respiração artificial, medicamentos, etc.?

Última palavra

Vale ressaltar que estou me referindo a situações em que todas as opções de tratamento já foram tentadas e o que quer que fosse feito apenas prolongasse a morte do paciente.

> **Quando o paciente tem condições de verbalizar sua opinião, ele normalmente diz que quer ir para casa para viver seus últimos dias em um lugar familiar onde seus entes queridos estarão presentes.**

Há pacientes que querem ir para casa mas, infelizmente, se os liberássemos, eles certamente morreriam a caminho, devido à fragilidade em que se encontram. Outros estão inconscientes, vivendo artificialmente já por tempo prolongado e com prognósticos fechados. Para esses pacientes, quando a família decide por cuidados de conforto e morte natural, procuramos fazer com que o quarto da UTI ou do hospital se torne o mais aconchegante possível. Todos os cuidados terão como objetivo o seu conforto.

No que consistem os cuidados de conforto?

Tudo o que for invasivo e artificial é removido do paciente, eliminando assim qualquer tipo de barreira física entre o paciente e seus familiares. Assim como viemos ao mundo, sem sondas ou respiradores artificiais, o paciente viverá seus últimos dias ou momentos de vida. Os familiares sempre perguntam quanto tempo poderá haver depois que os equipamentos forem removidos.

Para essa pergunta não há uma resposta precisa. A vida tem seu próprio tempo, o que justifica esse evento ser denominado morte natural.

Lembram-se da paciente do capítulo sobre o perdão? Vou terminar a história dela para exemplificar no que consiste o tratamento de conforto.

Depois que tomou a decisão de não continuar com os tratamentos para a pneumonia, que se somava ao câncer e às metástases por todo o corpo, a médica intensivista foi chamada para que ela formalizasse seu desejo por meio de uma ordem médica. Isso foi feito. A primeira decisão foi de que, caso tivesse uma parada cardiorrespiratória, a tentativa de ressuscitação não seria realizada. A segunda, que ela gostaria de parar o tratamento para a cura da pneumonia e optava pelo tratamento de conforto.

A intensivista comunicou ao oncologista a decisão da paciente. O oncologista veio vê-la imediatamente e tentou convencê-la a continuar o tratamento da pneumonia. Ela olhou para ele e falou "o senhor vai me curar?" e ele disse "não". Então ela respondeu que estava cansada e queria parar de lutar.

Logo depois o filho dela chegou e passou o dia em sua companhia. Ele chorava muito, mas aceitou a decisão da mãe. Muitas amigas e familiares foram visitá-la naquela tarde, assim como o pastor de sua igreja.

Durante o dia, sempre procurava uma oportunidade de ficar a sós com ela e perguntava como estava se sentindo e se gostaria de voltar atrás em sua decisão.

Com muita segurança ela dizia que não; que nunca havia experimentado tanta paz interior em toda a sua vida.

Disse que se sentia feliz por ter perdoado o irmão e que estava feliz por ter o filho ao seu lado nesse momento.

Durante aquela tarde, ela foi medicada para dor algumas vezes. Perguntei o que gostaria de jantar e solicitei o que havia pedido; providenciei também uma bandeja especial para o filho. Antes do jantar, o filho me perguntou o que eu achava de ele ir para casa. Respondi que achava melhor ele passar a noite com a mãe. Como ele tinha vindo direto do trabalho, ofereci-lhe toalha e sabonete, caso quisesse usar o chuveiro dos visitantes. Ele e a mãe jantaram juntos e viveram momentos preciosos!

Chegou o fim do meu plantão e fui despedir-me deles. Disse para a paciente que tinha sido uma honra fazer parte de um momento tão importante em sua vida e que achava que não a veria mais. Ela me perguntou se eu estaria de volta na manhã seguinte e eu disse que sim. Ela entendeu. Deu-me um abraço e agradeceu muito por tudo o que eu tinha feito naquele dia. Dirigi-me ao filho, dei-lhe um abraço e disse para ele ser forte. Disse também que se ele precisasse de alguma coisa poderia me procurar na UTI. Ele chorava enquanto me abraçava e me agradeceu também.

Naquela madrugada a paciente morreu naturalmente. Morte natural, sem dor, com dignidade, recebendo o amor de sua família – com conforto físico, emocional e espiritual.

Capítulo 6

Últimas palavras

Passamos a vida inteira querendo ter a última palavra em situações diversas, principalmente quando somos mais jovens. Ter a última palavra parece ter um gostinho de vitória em relação a determinado assunto.

Ter a última palavra significa que você ganhou o debate. Também demonstra sua superioridade e sua vontade de manter seu posicionamento em qualquer que seja a discussão. Isso deve convencer seu oponente de que você está certo.

É especialmente importante ficar com a última palavra quando você está em dúvida sobre os méritos de sua opinião. A última palavra vai servir como argumento para os próximos debates, podendo até contribuir para consertar deficiências em sua lógica.

Damos uma importância ainda maior às últimas palavras de alguém no final da vida. Aquelas poucas palavras que são apenas sussurradas, quando é necessário chegar bem perto para conseguir ouvi-las. Vemos muito isso em filmes e novelas. Criamos então a expectativa de que alguma revelação será feita nos últimos momentos, antes do último suspiro. Queremos ver mistérios desvendados, segredos guardados durante uma vida inteira sendo revelados.

Em minha vivência com a realidade na UTI, vejo que as coisas são bem diferentes. Hoje, com quase 40 anos de profissão, nunca presenciei um segredo revelado no último momento da vida de alguém.

Portanto, se você deseja encontrar algum tesouro, saber algum mistério que envolve seu passado ou revelar algum segredo que tem guardado por décadas, não espere até o último momento. Se esse segredo puder libertar uma pessoa e lhe der uma nova chance de consertar ou remediar erros graves, não perca a oportunidade de fazê-lo hoje.

Libertando-se do passado...

Se você morava longe e alguém de sua família teve morte súbita, inesperada, e hoje você se culpa por não ter tido a oportunidade de estar presente ou de dizer suas últimas palavras, procure colocar o foco na lembrança dos momentos especiais que tiveram a oportunidade de compartilhar.

Você não pode mudar a realidade, mas pode mudar a perspectiva que tem a respeito dela.

Libertando-se do presente com esperança...

Às vezes perdemos a energia e não queremos ter a última palavra.

Se você se sente extremamente desanimado e a única saída que consegue ver é tirar a própria vida, colocando um fim ao seu sofrimento, eu lhe peço encarecidamente para não fazer isso.

Há esperança. Enquanto houver vida existe esperança!

Se você se suicidar, além de deixar um vazio insubstituível na vida das pessoas que o(a) amam, você vai fazer parte apenas de uma estatística.

Se decidir continuar vivo, parabéns! Seja corajoso e busque mudanças.

Procure ajuda

- Se o problema que preocupa você está relacionado à família, procure um psicólogo, um pastor, o pai de um amigo, alguém em quem você confia e que vai poder ajudá-lo.

- Se o problema for o sistema em que está inserido e você reconhece que os recursos humanos não são suficientes para mostrar-lhe um caminho, procure ajuda fora do sistema.
- Procure um clínico geral que vai examiná-lo(a), pedir exames laboratoriais e radiológicos para verificar como você está fisicamente.
- Seja sincero com o médico e diga todas as medicações que você toma diariamente e a dosagem. Fale de seus hábitos, bem como de suas dependências químicas e emocionais.
- Não omita a informação sobre o uso das drogas recreativas e do álcool, pois elas interagem com suas medicações, podendo ser fatal.
- Seja generoso consigo mesmo(a) e com os outros.
- Cultive pensamentos e atitudes positivas.
- Tenha um coração agradecido.

Não permita que medicações ou drogas paralisem seus sentimentos. Por mais dura que a realidade possa parecer, procure a cura para as feridas da alma.

A cura acontece de dentro para fora e não de fora para dentro.

Não tenha medo de tomar decisões. Agora você tem o conhecimento.

Se já teve a última palavra em questões que lhe pareciam tão urgentes e importantes, que importância dará para sua própria vida?

Você tem a última palavra!

"Como lagoas que secam, como rios que deixam de correr, assim, enquanto o céu existir, todos vamos morrer."
(Jó 14:11-12)

A vida tem começo meio e fim.

Minhas últimas palavras

O fim da vida e o que acontece depois da morte têm sido tema de livros, filmes, canções e até grandes obras musicais como a do compositor húngaro Franz Liszt. Após compor *Les Preludes*, deu esse nome a essa obra ao ler uma citação do poeta Francês Alphonse de Lamartine: "O que é a vida se não uma série de prelúdios para aquele desconhecido hino cuja primeira nota solene é entoada pela morte?", pensando que deveria haver algo melhor e mais bonito depois da morte.

O ciclo da vida é algo natural para todos, e por isso nenhum de nós ficará isento de completá-lo.

Até hoje ninguém de minha família imediata morreu. Por essa razão, não conheço a dor pela qual você talvez já tenha passado.

Tenho percebido que o que faz a diferença em momentos difíceis, como a morte, é aquilo em que cada pessoa crê; e não em que seu líder espiritual acredita.

Mas ao me perguntarem no que eu acredito com relação à morte, percebo que de certa forma tem despertado esperança em alguns, a despeito da morte iminente. Por isso compartilho com você o que penso sobre esse assunto:

Eu acredito que:

- Há duas forças no universo, o bem e o mal. O mal foi originado através da liberdade de escolha que foi dada a um ser criado; e de lá pra cá situações tristes e devastadoras têm acontecido com a humanidade.

- O bem precisava superar o mal existente. Então Deus, em Seu inexplicável e infinito amor, se dispôs a sacrificar o Seu próprio filho Jesus, para nos devolver a possibilidade de vivermos eternamente felizes um dia (João 3:16).

Essa verdade me traz esperança, por isso compartilho com você. Que pai daria seu próprio filho para ser crucificado, e depois de tamanho sacrifício não se importaria com a humanidade que Ele criou?

Toda essa informação maravilhosa eu encontrei na Bíblia Sagrada.

Eu nunca poderei lhe dar o que eu encontrei, mas eu gostaria de despertar o seu interesse em procurar.

Última palavra

Se aquilo em que você acreditou até hoje não tem feito sentido nem tem lhe trazido esperança, continue investigando até encontrar a verdade. Busque o que faz sentido e traz esperança, apesar da perda temporária que em algum momento da vida todos teremos.

Pensamentos negativos influenciam nossas percepções. Nós temos a capacidade de não nos tornarmos reféns de nossos pensamentos. Nosso destino é determinado por escolhas e não por acaso.

Deixo com você a letra de uma música linda, que tem me ajudado a descansar, quando reconheço que não tenho controle em determinadas situações da vida e quando não tenho respostas para todas as perguntas.

Descanse
(Fernando Rochael)

Descanse
A tempestade é louca, mas descanse
Parece que Ele dorme e se esqueceu de ti
As ondas de problemas lhe fazem cair
Um grito de socorro não ouve o consolo
Resposta que o acalme e afague o coração
A luz no fim do túnel acaba de apagar-se
Não vê se tem futuro...só escuridão.

É aparentemente impróprio, o meu conselho
Mas fé serve pra isso, então descanse
Descanse
A hora está para chegar...descanse
A dor da alma, alento está pra encontrar
A angústia que, no peito, faz faltar o ar
Será então vencida, já vejo a despedida
Da sensação de solidão em seu olhar
Quem pareceu distante atua neste instante
Sua voz, a tempestade manda acalmar
Tufão já vira brisa, o amor que tranquiliza chegou
Jesus está aqui

Descanse
Jesus está aqui Jesus está aí

Última palavra

Minha última palavra? Eu quero que sua vida seja leve!

Entregue todas as suas preocupações a Deus porque Ele cuida de você (1 Pedro 5:7).

Bibliografia

1. FAUFMAN, Sharon R. *And a Time to Dye: How American Hospitals Shape the End of Life.* 1 ed Chicago: Chicago, 2005.

2. *Admission to intensive care unit at the end-of-life: is it an informed decision?* Rady MY, Johnson DJ. Palliat Med, 2004 Dec; 18(8):705-11. US National Library of Medicine National Institutes of Health.

3. FERRELL, Betty R; COYLE, Nessa. *The Nature of Suffering and the Goals of Nursing.* 1 ed. New York: Oxford, 2008.

4. Bíblia Sagrada. *Nova Tradução na Linguagem de Hoje.* Sociedade Bíblica do Brasil 2001.

5. TIBBITS, Dick. *Forgive to Live: How Forgiveness can save your life.* Nashville: Thomas Nelson, 2006.

6. *End-of-Life Nursing Education Consortium.* Promoting Palliative

Care in Critical Care Nursing. ELNEC Critical Care Train-the-Trainer 2012.

BATTIN, Margaret Pabst. *The Least Worst Death: Essays in Bioethics on the End of Life.* 1 ed New York: Oxford, 1994.

ELLERSHAW, John; WILKINSON, Susie. *Care of the Dying: a pathway to excellence.* 1 ed. Oxford: Oxford, 2003.

Kuhl D R. *What dying people want: practical wisdom for the end of life.* New York: PublicAffairs, 2002.

SONTAG, Susan. *Regarding the Pain of Others.* 1 ed. New York: Farra, Straus and Giroux, 2003.

WITTENBERG-LYLES, Elaine; GOLDSMITH, Joy; FERREL, Betty; RAGAN, Sandra L. *Communication in Palliative Nursing.* 1 ed New York: Oxford, 2013.

Clarke EB, Curtis JR, Luce JM, et al. *Quality Indicators for the end-of-life care in the intensive care unit.* Critical Care Medicine 2003; 31: 2255-62.

Cook D, Rocker G. *Dying with Dignity in the Intensive Care Unit.* The New England Journal of Medicine 2014; 370: 2506-14.

Jones G K, Brewer K L, Garrison H G. *Public Expectations of Survival Following Cardiopulmonary Resuscitation.* Academic Emergency Medicine 2000; 7:48-53.

Lidhoo P. *Evaluating the Effectiveness of CPR for In- Hospital Cardiac Arrest.* American Journal of Hospice and Palliative Medicine 2013 30:279-282.

Mead G E, Turnbull C J. *Cardiopulmonary resuscitation in the elderly: patients' and relatives' views.* Journal of medical ethics 1995; 21: 39-44.

Physician Executive Council. *Realizing the Full Benefit of Palliative Care: Service optimization and Strategic Growth.* The Advisory Board Company 2013.

Rothman D J. *Where We Die*. The New England Journal of Medicine 2014; 370: 2457-60.

Wikipedia.org. Qualidade de Vida.

WRTC – Washington Transplant Regional Community. *Descanse – marcel freire, sem olhar pra trás*. Disponível em Apple music/Spotify/google play music/ www.marcelfreire.com.